Der Mensch denkt und Gott lenkt

Lebenserinnerungen von Manfred Gniffke

Impressum

Verlag: Mittelrhein-Verlag GmbH
August-Horch-Straße 28 · 56070 Koblenz

Autor: Manfred Gniffke

Fotos: Helmut Schnatz, Helmut Paasche,
Sascha Ditscher, Thomas Frey, Godehard Juraschek, Heinrich Wolf,
Herbert Gauls, Manfred Gniffke (Archiv)

Satz: sapro GmbH · Gesellschaft für Satzproduktion
Triebstraße 16 · 56370 Gutenacker

Druck: Pario Print Sp. z o.o
Al. Jana Pawła II 31/27, 31-864 Kraków, Polen

Stand 2021

2. Auflage

ISBN 978-3-925180-32-3

Der Mensch denkt und Gott lenkt

Lebenserinnerungen von Manfred Gniffke

Humor bleibt sein (Über-)lebensrezept

Von Peter Burger, Chefredakteur der Rhein-Zeitung und ihrer Heimatausgaben

Eigentlich hätte dieses Buch nie öffentlich erscheinen sollen. Eigentlich! Denn Manfred Gniffke hat sein Leben für seine Lieben in Worte gefasst – für seine Kreszenz, die „beste Frau der Welt“, ihre beiden Kinder Beate und Michael sowie ihre vier Enkelkinder Max, Johanna, Katharina und Paul. Nur für sie wollte der heute 81-Jährige niederschreiben, wie sein Leben wirklich war. Wie er zu dem wurde, was er heute ist – und wie ihn Tausende Menschen weit über die Grenzen seiner Vaterstadt Koblenz kennen und schätzen. Wir haben ihn davon überzeugt, dieses einzigartige Dokument lokaler Zeitgeschichte einer noch größeren „Familie“ zu öffnen: allen Gniffke-Fans und Freunden der Stadt an Rhein und Mosel.

Herausgekommen ist eine wirklich authentische Autobiografie, die nicht nur viel bis dato Unbekanntes über den „größten Koblenzer“ (eine RZ-Aktion) erzählt, sondern die ganz nebenbei fast ein Jahrhundert Stadtgeschichte wie in einem Brennglas fokussiert. Nicht aus wissenschaftlicher Sicht eines Stadthistorikers, sondern ebenjener Menschen, die rund ums Deutsche Eck leben – der „Kowelenzer Bärjerschläit“.

Karneval 1998

Es ist eine sehr persönliche Zeitreise, auf die uns Manfred Gniffke mitnimmt. Und er wird persönlich! In großer, bisweilen verblüffender wie unverblümter Offenheit resümiert er den Umstand, in einer Pflegefamilie in der Altstadt aufgewachsen zu sein. Dies, davon ist er überzeugt, habe seinem Leben von Anfang an den richtigen Kurs gegeben. Man mag es Schicksal nennen – für „den Manni" aber steht fest, dass auch in dieser Fügung (Gottes) die von der Oma so oft zitierten „14 Schutzengel" die Hände im Spiel haben mussten. So hatten zumindest zwei von ihnen wohl Dienst, als er und einer seiner sechs Brüder um ein Haar im Rhein ertrunken wären …

In einer offenen, dem Zeitgeist freilich nicht immer politisch korrekt angepassten Wortwahl gelingt es dem Altstädter Jung, selbst den schwierigsten Umständen deutscher Geschichte vor und nach dem Krieg mitunter noch eine süffisante Note abzugewinnen: Humor als

Altstadtfest 2019

(Über-)lebensrezept in den bittersten Zeiten – wenn etwa der tiefgläubige Gniffke im Bombenhagel konstatieren muss, dass „vom Himmel nicht nur Gutes kommt“ und der Luftschutzkeller tatsächlich „Im Paradies“ liegt.

Er nimmt uns mit nach Tschechien, schildert bewegend von einem Kriegsweihnachten mit russischen Kriegsgefangenen, die für Kinder Spielzeug schnitzen. Und schließlich nach Thüringen, wohin viele Koblenzer auf dem Höhepunkt des Krieges evakuiert, aber als „Fast-Franzosen“ offenbar nicht sonderlich gern beherbergt wurden. Bei der Rückkehr in die ausgebombte Heimatstadt hatten die Franzosen tatsächlich „Coblence“ besetzt.

Und wieder geht es ums nackte Überleben in den Trümmern: Schwarzhandel und das „Fringsen“, das nach dem damaligen Kölner Kardinal Joseph Frings benannte, nicht immer legale „Organisieren“ von Kohlen, Lebensmitteln und Kleidung, stehen im Mittelpunkt. Doch schon bald regt sich wieder Leben in der Koblenzer Altstadt – und Manfred Gniffke ist mittendrin. Auch als Messdiener von Liebfrauen, bei den St.-Georgs-Pfadfindern und beim „Schnippes“, der Katholischen Jugend (Kaju) – Startrampe für so manche närrische Karriere in der Rhein-Mosel-Stadt.

„Infiziert“ mit dem närrischen Bazillus wird Manfred Gniffke von seinem „Onkel Steff“, der ihn 1953 bei der Weißer-Gasser-Kirmesgesellschaft erstmals auf die närrische Bühne bringt. Es sollte 20 weitere Jahre dauern, bis er erstmals als Nachwuchsredner bei der Großen Koblenzer Karnevalsgesellschaft auftritt und später als Präsident in die Fußstapfen so großer Vorgänger wie Willi Hörter oder Peter Dommermuth tritt. In diesem Buch verrät Manfred Gniffke, was ihn an der „Kowelenzer Faasenacht“ so fasziniert und warum er es nach (mehreren) „letzten“ Auftritten noch immer nicht lassen kann, auch wenn ihm seine Paraderolle als Stadtführer nicht immer nur Freunde beschert hat.

„FKK“ – Familie, Kirche, Karneval, so lautet auch heute noch seine Maxime. Zwischenzeitlich war ein drittes „K“ hinzugekommen – Kommunalpolitik. Mit ihr hat Gniffke inzwischen freilich abgeschlossen, und mit Blick auf die heutigen Verhältnisse im Koblenzer Stadtrat findet er das auch gut so.

So blickt er lesbar zufrieden auf sein Leben zurück, dankt dem Schöpfer und Omas „14 Schutzengeln“ dafür. Seine feste Überzeugung und seinen unerschütterlichen Glauben bringt er letztlich mit dem Buchtitel zum Ausdruck:

„Der Mensch denkt und Gott lenkt.“

So fing alles an

Wenn man nach mehr als 80 Lebensjahren auf die vergangene Zeit zurückblickt und alles, woran man sich noch erinnern kann, Revue passieren lässt, kommt man aus dem Staunen nicht mehr raus. Staunen darüber, was in der Zeit alles passiert ist und dass eigentlich vieles anders gelaufen ist, als es Eltern und andere Entscheidungsträger für einen geplant hatten. Auch bei mir war das so und alles war gut so, wie es war und auch noch ist. Ich bin überzeugt, dass der alte Spruch „Der Mensch denkt und Gott lenkt" auf mich zutrifft.

Außer meiner Geburt ist am 28. Januar 1939 in Koblenz nichts Wichtiges passiert, jedenfalls konnte ich in den Annalen nichts entdecken. Abends um 20 Uhr, also praktisch nach Feierabend, wurde ich laut Geburtsurkunde im Krankenhaus Rizzaheim geboren. Weil an diesem Tag Manfred im Namenstagskalender stand, bekam ich diesen schönen Vornamen, später wurde öfter schon mal Manni oder Mannes draus. Meine Eltern dachten wohl praktisch, es war nur ein Geschenk fällig, andere Kinder bekamen zwei, eins am Namenstag und eins am Geburtstag. Aber hinter diesen Trick kam ich damals noch nicht.

Mit sechs Wochen weggegeben

Meine Mutter war bei den Schwestern und Hebammen bestens bekannt, sie war vorher schon zweimal zum Entbinden in diesem Krankenhaus gewesen und einige solcher Niederkünfte sollte sie noch erleben. Insgesamt hatte sie acht Kinder auf die Welt gebracht, sieben Jungs und ein Mädchen. Die letzten erblickten allerdings nicht mehr am selben Platz das Licht der Welt, denn das in der Rizzastraße 1–3 gelegene Entbindungsheim wurde 1944 zerstört.

Meine Geschwister und ich waren Produkte einer Mischehe zwischen Elisabeth Karoline Gniffke, geborene Degenhard, und Max Eduard Gniffke, beide wohnten in Lützel. Alle acht wurden wir katholisch getauft, ich nehme an, unserem evangelischen Vater war das egal, mit unserer Erziehung hatte der wenig zu tun. Ich kam überhaupt nicht in den Genuss seiner väterlichen Fürsorge, denn ich wurde im zarten Alter von sechs Wochen an Pflegeeltern abgegeben.

Von dem Übergabetermin bekam ich nichts mit, bin aber dem lieben Gott und allen, die daran beteiligt waren, heute noch dankbar. Ich wuchs also nicht wie geplant in einer Großfamilie auf, ich war, ohne ge-

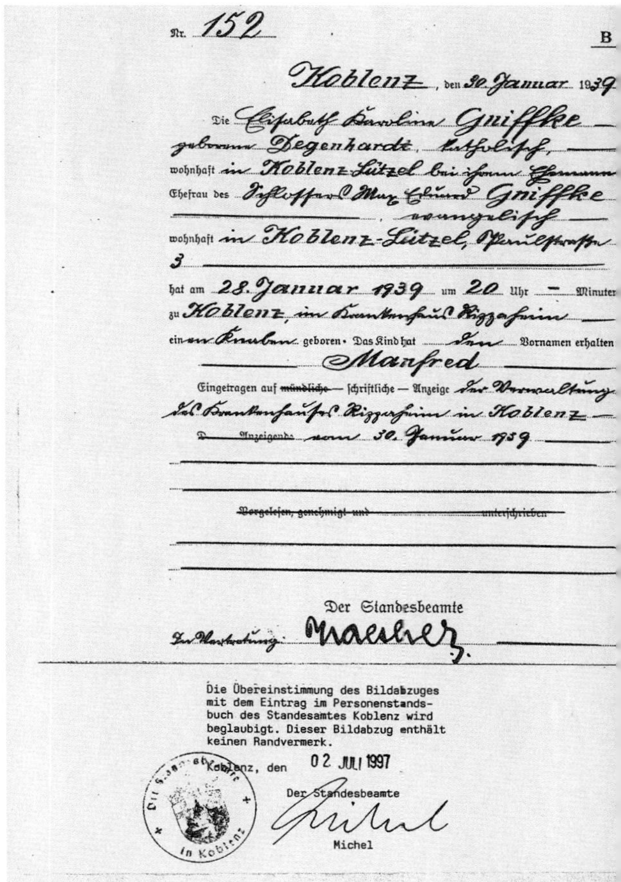

Nr. 152 B

Koblenz, den 30. Januar 1939

Die Elisabeth Karoline Gniffke
geborene Degenhardt, katholisch,
wohnhaft in Koblenz-Lützel bei ihrem Ehemann
Ehefrau des Schlossers Max Eduard Gniffke
, evangelisch
wohnhaft in Koblenz-Lützel, [illegible]straße
3
hat am 28. Januar 1939 um 20 Uhr – Minuten
zu Koblenz, im Krankenhaus Rizzaheim
einen Knaben geboren. Das Kind hat den Vornamen erhalten
Manfred

Eingetragen auf ~~mündliche~~ – schriftliche – Anzeige der Verwaltung des Krankenhauses Rizzaheim in Koblenz
~~D Anzeigende~~ vom 30. Januar 1939

~~Vorgelesen, genehmigt und unterschrieben~~

Der Standesbeamte
In Vertretung: [illegible]

Die Übereinstimmung des Bildabzuges mit dem Eintrag im Personenstandsbuch des Standesamtes Koblenz wird beglaubigt. Dieser Bildabzug enthält keinen Randvermerk.

Koblenz, den 02. JULI 1997

Der Standesbeamte
Michel

Schwarz auf weiß – ich bin ein echter Schängel.

Meine Geburtsstätte – das Krankenhaus Rizzaheim

fragt zu werden, aus dem Großverband ausgesondert worden und wurde als Einzelkind gehegt und gepflegt. Ich wurde nicht in Pflege gegeben, weil ich ein Schreikind war oder besonders dumm aus der Wiege geschaut habe, nein, meine Mutter hatte einfach keine Zeit für mich. Mein Vater war Berufssoldat und nie daheim. Wenn er mal nach Koblenz kam, war es hauptsächlich zu dem Zweck, für das Tausendjährige Reich Soldaten zu zeugen, meine Mutter musste sehen, wie sie mit diesen zukünftigen Helden allein über die Runden kam. Sie war Verkäuferin, unter anderem in auch nach dem Krieg noch bekannten Textilhäusern wie Lütke und Pollack in der Löhrstraße.

Neue Eltern

In den 50er-Jahren des vorigen Jahrhunderts fragte mich die Frau Lütke, die Chefin des Textilhauses, als sie meinen Namen hörte, ob meine Mutter Elisabeth heißen würde. Die Frage konnte ich guten Gewissens mit Ja beantworten. Da sagte die Dame, die übrigens die

Mit Mutter und Oma am Fenster im Haus der Weißer Gasse 41–43

Chefin meines späteren Schwiegervaters war: „Deine Mutter war eine sehr fleißige Frau, die nie gefehlt hat. Ich musste sie zur Entbindung ins Krankenhaus schicken, sonst hätte sie die Kinder hinter der Ladentheke bekommen.“ Da hatte ich ja schon damals Glück, sonst hätte ich das Licht der Welt vielleicht zwischen zwei Gardinenstapeln erblickt. So war ich also nicht im „Lützelland“ bei meiner Mutter gelandet, mein Zuhause war jetzt in der Koblenzer Altstadt, Weißer Gasse Nummer 41–43.

Meine neuen Eltern hießen Helene und Paul Andres, einfache, aber gute Leute. Sie hatten keine eigenen Kinder, nach dem Grund habe ich vergessen zu fragen, ich war das dritte Pflegekind, zwei Mädchen waren vor mir in ihrer Obhut gewesen. Ich hatte jetzt alles doppelt, zwei Elternpaare, Omas, Opas, Tanten und Onkels sowie zwei Pflegeschwestern. Mit meinen Blutsverwanden hatte ich aber keinen Kontakt, ich wusste ja auch nichts von ihnen.

Der Hahn im Korb

Die ersten Jahre in der Weißer Gasse verliefen für mich sehr ruhig. Gleich nach Kriegsbeginn wurde mein Pflegevater (in Zukunft hier wie meine Pflegemutter auch nur Vater und Mutter genannt) eingezogen. Ich hatte es gut, ich war ja ein Einzelkind. Spielzeug war da, ich erinnere mich an eine Ritterburg, an Zinnsoldaten, an ein Blechschiff. Das durfte ich an Waschtagen in der Waschbütte schwimmen lassen. Aus einem Fronturlaub brachte mein Vater einen Karton voller Spielzeugsoldaten mit, samt einem Panzer zum Aufziehen, da war ein Feuerstein drin, der beim Fahren aus der Kanone Feuer spuckte.

Wir wohnten mit der Oma Gudula im ersten Stock. Die Leute über uns hießen alle Krämer, der älteste der Sippe, der Opa Krämer, wohnte im Dachgeschoss. Zu dem ging ich mittags immer hoch, wenn es mir bei meiner Mutter nicht schmeckte. Ich hatte und habe heute noch etwas gegen Haferflocken und Grießbrei. Der Opa Krämer war Witwer und kochte extra für mich einen Pudding oder eine Suppe. Morgens nahm er mich mit an das Geländer in der Fischelstraße. Da standen wir zusammen mit anderen Opas und Kindern und schauten uns die Züge an, die, oft mit Panzern und Kanonen beladen, an uns vorbeirauschten. Wenn die Lokomotive weißen Rauch verdampfte, durften wir Kinder uns auf der „Iwwerfiehrung“, das ist die Brücke, die am Ende der Weißer Gasse über die Gleise führt, in den Dampf stellen, bei schwarzem Rauch natürlich nicht.

Mit der Mutter am Geländer in der Fischelstraße

Oma (rechts außen) mit ihrer Mutter auf dem Wochenmarkt

Ein Höhepunkt der Woche war für mich, wenn die Müllabfuhr kam. Die Männer rollten die vollen Aschetonnen aus Eisen und Blech mit viel Geschick und Schnelligkeit von den Häusern über die Straße zu dem Müllauto. „Mach mer jo kein Finster off, sonst hann mer dä Gestank on dä Stebb von der Äsch en der Wohnung", rief meine Mutter mich zur Ordnung. Hinter der Müllabfuhr kam der Straßenkehrer mit seiner Handkarre und einem riesig langen Besen. Der hatte auch immer Zeit für ein Schwätzchen mit den Leuten auf der Gasse, auch mit meiner Mutter an der Ladentüre.

Das „Kutschengässchen"

Peter Deinet

Mit Lackschuhen und weißen Strümpfen

Die Oma und meine Mutter betrieben im Erdgeschoss des Hauses einen Obst- und Gemüseladen und den von der Uroma übernommenen Stand auf dem Koblenzer Wochenmarkt, der damals noch auf dem Münzplatz seinen angestammten Platz hatte. In der ganz schmalen Gasse neben unserem Haus, im Volksmund „Kutschegässje" genannt, obwohl da wirklich keine Kutsche durchgepasst hätte, wohnte im Hinterhaus der Onkel Pidder, richtig hieß der Peter Deinet. Der baute der Oma morgens den Stand auf dem Markt auf und abends wieder ab, bis der Führer ihn auch in eine Uniform steckte und nach Russland schickte.

Im Volkspark

War das Wetter gut, gingen wir sonntags spazieren. Ich wurde mit Lackschuhen, weißen Strümpfen und einer kurzen Hose mit bestickten Hosenträgern und einer Art Bluse ausstaffiert, und dann ging es ab in die Rheinanlagen oder nach Lützel in den Volkspark. Auch meine Oma und meine Mutter hatten sich fein herausgeputzt, oft gingen noch ein oder zwei Freudinnen meiner Mutter mit. Das war ja immer eine reine Frauengesellschaft, ich war der einzige „Mann", die richtigen Männer waren an der Front. Wir spazierten die Rheinanlagen rauf und runter, ab und zu blieben die Frauen zu einem Gespräch mit Bekannten stehen. In der Trinkhalle, heute Café Rheinanlagen, gab es für mich eine Limo, die Damen tranken Kaffee.

In den Rheinanlagen

Im Volkspark erinnere ich mich heute noch an ein großes Brunnenbecken, in dem Goldfische schwammen. Sonntags spielte schon mal eine Militärkapelle auf. Auch hier gab es Kaffee, Kuchen und Limo. Wenn wir wieder zu Hause waren, wurde „dä Jung“ (das war ich) gewaschen und fürs Bett fertig gemacht. Die Oma betete mit mir das Nachtgebet von den 14 Englein, die irgendwo rumstehen, und machte mir ein Kreuz auf die Stirn. Die Englein seien meine Schutzengel. Mein Bettbegleiter war ein Stoffzwerg, der mir später auch in den Luftschutzkeller folgte.

Beinah vom Vater Rhein verschluckt

Mit meiner leiblichen Mutter hatte ich wenig Kontakt, was mir aber nichts ausmachte, weil ich ja bei meiner Pflegefamilie gut aufgehoben und der Hahn im Korb war. Die Helene Andres hatte es auch gar nicht so gern, wenn die Frau Gniffke mich besuchte. Einmal, es war im Sommer 1942 oder 43, kam sie in die Weißer Gasse, um mich mit ins Schwimmbad am Oberwerth zu nehmen, mein Bruder Heinz, zwei Jahre älter als ich, war auch dabei. Meine Pflegemutter ging nicht zum Schwimmen an den Rhein, wir gingen immer an die Mosel. Oberhalb der Adolf-Hitler-Brücke, heute heißt sie Europabrücke, war eine große Bleichwiese, das war unser Freibad. In der Mosel war ein Teil mit Balken, die am Grund mit Ketten befestigt waren, abgesperrt, darin konnten wir Kinder ungefährdet baden. In der offenen Mosel zu schwimmen, war wegen vieler Strudel gefährlich.

Zwei Schutzengel verbraucht

Jetzt war ich zum ersten Mal im Schwimmbad am Rhein, etwa in der Höhe gegenüber der Spitze der Insel Oberwerth. Auch hier waren die Balken zur Sicherung angebracht. Da waren sogar Bademeister, die alle Schwimmer im Auge hatten, Gott sei Dank, wie sich später herausstellte, auch meinen Bruder und mich. Ich hatte meinen Bruder bis zu diesem Badespaß noch nie gesehen, vielleicht war das auch der Grund, warum wir uns so gut verstanden. Das Spielen im Rhein machte sehr viel Spaß. Dann schwamm ein großer Raddampfer an uns vorbei den Rhein hoch. Die Schaufeln zogen das Wasser vom

Ufer weg und mein Bruder und ich liefen dem Wasser nach. Dann kamen die großen Wellen zurück und die zwei hoffnungsvollen Söhne der Frau Gniffke wurden mitgerissen und trieben zur Flussmitte. Jetzt kamen die Bademeister ins Spiel und retteten uns beide, wie ich später erfuhr, im letzten Moment. Leider erfuhr meine Mutter auch davon und der erste Schwimmkurs mit meinem Bruder war auch der letzte. Meine Oma sagte mir abends vor dem Nachtgebet, dass zwei von den vierzehn Englein in der Gestalt der Bademeister unsere Schutzengel waren. Damals habe ich das nicht verstanden, heute glaube ich, dass die Oma richtig lag.

Das war eine ganz liebe Frau. Sie war ziemlich klein und für eine Marktfrau auch sehr schlank. Sie hatte Haare bis auf die Taille, die wurden morgens von meiner Mutter zu einem Zopf gebunden und dann zu einem Dutt gedreht. Das sah aus, als hätte sie ein Vogelnest auf dem Kopf. Sie war Witfrau und mir sehr zugetan. Meine Mutter war eine stattliche Frau, nicht dick, aber kompakt. Sie hatte seit ihrem zwölften Lebensjahr ein steifes Bein. Bei einer Operation war ihr Knie verpfuscht worden. Mein Vater hatte, wenn die beiden per Arm spazieren gingen, im Laufe der Jahre die etwas humpelnde Gangart meiner Mutter angenommen. Meistens trug meine Mutter eine schöne bunte Kittelschürze, sonntags wurde zur Feier des Tages eine weiße, bunt bestickte Schürze davorgebunden.

Der Kindergartenschreck

Von meinen ersten zwei Lebensjahren bekam ich nicht viel mit. Ich wuchs normal heran, war nur etwas blass. Deswegen hatte der Arzt mir Höhensonne verschrieben, die bekam ich an meiner Geburtsstätte im Rizzaheim. Heute habe ich noch den penetranten Gummi-

Ich und meine Brüder Heinz und Rudolf (von links)

Meine leiblichen Eltern mit meinem Bruder Heinz. Das ist das einzige Foto, das ich von meinem Vater habe.

geruch der Schutzbrille in der Nase. Meine Haare waren hellblond, fast weiß, so wie heute auch. Die erste Frisur, an die ich mich erinnere, war ein Hahnenkamm, das war damals modern.

Mit den ersten selbstständigen Schritten begann nicht nur die Zeit der Höhensonne, ich fing an, unsere Wohnung und den Inhalt der Schubladen zu erkunden. Die Wohnung war nicht so besonders groß. Eine Küche in Richtung Wöllershof, ein kleines Zimmer für die Oma, ein Schlafzimmer, wo ich, wenn der Vater nicht da war, das kam ja durch den Krieg oft vor, mit der Mutter schlief. Dieses Zimmer und das Wohnzimmer waren nach der Weißer Gasse zu. Im Erdgeschoss war noch eine kleine Kammer, „dat Kabäusje". Wenn ich aus dem Fenster sah, blickte ich auf die Bäckerei Casper gegenüber. Rechts von uns war der Lebensmittelladen vom Herrn Horn und links neben uns eine Gaststätte, die hieß „Quetschelädche". Der Wirt hieß Wirz und war ein sehr lustiger Mann. Der blies, wenn er

Meine Mutter mit meinen Geschwistern Elmo, Rita und Roy in den 60er-Jahren.

vor seiner Wirtschaft stand und mich sah, die Backen auf und trommelte auf diesen irgendein Lied. Das hörte sich wirklich wie eine Trommel an.

Meine Mutter kam auf die Idee, mich in den Kindergarten zu schicken. Am Schloss war so eine Zuchtanstalt, die von der Partei betrieben wurde. Ich wehrte mich mit Händen und Füßen, meine Gegenwehr brachte nichts. „Dau giehs en dä Kenergaarde", lautete der Befehl meiner beiden heimischen Erzieherinnen. Ausgestattet mit einer grünen Kindergartentasche zum Umhängen mit Butterbrot, brachte mich meine Mutter zum Schloss. Als sie mich am Nachmittag wieder abholte, sagte die Kindergartentante zu meiner Mutter: „Dä brauchen se net mieh ze brenge, dä hat de ganze Daach nur gebrellt." Gott sei Dank beherzigte meine Mutter den Rat der von der Partei finanzierten Erzieherin, ich musste da nicht mehr hin. Da war ich ein Panz unter vielen, daheim war ich der Augapfel.

Enge Verhältnisse

Unser Alltag spielte sich in der Küche ab. Hier wurde gekocht, gegessen, gespielt, gehäkelt, gestrickt, die Wäsche eingeweicht und erzählt. Der Spülstein, der auch Waschbecken war, hatte schon fließendes Wasser, bei anderen war der Wasserhahn samt Ausguss im Treppenflur. Je nachdem, wer gerade zu Besuch war, wurde auch in der Küche gesungen, das Lied vom „Heiligen St. Meerdes" oder „Zo Kowelenz en der Weißer Gass, doh wor die Kermes scheen". Das war auch der einzige Raum, der im Winter geheizt war, im Wohnzimmer wurde nur zu Weihnachten gestocht, wie man zum Heizen auch sagte. Daher kam ja auch der Begriff vom Stocheisen, mit dem die Glut im Ofen durcheinandergestocht wurde. Vor unserem Küchenfenster war ein mit Teerpappe gedecktes Flachdach. Im Sommer, wenn die Sonne nicht ganz so heiß war und die Mutter keine Zeit fürs Freibad an der Mosel hatte, durfte ich schon mal auf dem Dach direkt am Küchenfenster unter der Aufsicht meiner Oma oder der Mutter spielen.

Die Oma und die Mutter haben sich im Küchendienst abgewechselt. Durch den Handel mit Obst und Gemüse hatten wir einen abwechslungsreichen Mittagstisch, wenn nur die Haferflocken, der Grießbrei und der Lebertran nicht gewesen wären. Aber da half ja der Krämers Opa, oder wie wir sagten „dä Krämersch Uba", aus. Das Klo fürs Haus war unten in einem kleinen Hof, für mich gab es den Nachttopf und für die Erwachsenen den Toiletteneimer.

Blick in die Weißer Gasse, oben links der Platz mit dem Tor zum Kloster

Lebhafte Altstadt

Die Weißer Gasse war ziemlich eng und die Häuser oft sehr alt. Nur zum „Platz" hin, das war die Stelle vor dem Tor zum Dominikanerkloster, öffnete sich die Gasse. Heute bildet das Tor den Eingang zur Clemens-Brentano-Overberg-Schule. Dort wurde auch früher bei der Weißer-Gasser-Kirmes, die auf das Jahr 1233 zurückgeht, der Kirmesbaum aufgestellt, lange Jahre ein Geschenk der Kronprinzessin und späteren Kaiserin Augusta. Es gab Hinterhäuser, die durch enge Gässchen zu erreichen waren.

Kurz vor der Einmündung zur Fischelstraße gab es die Gaststätte „Zur Sonne", gegenüber den „Rittels Hof". Es gab den Schlosser Schultheis, die Fuhrunternehmung vom Hans Castell, den Milchladen von Röhrichs und den Kohlenhändler Schönig. Am anderen Ende der Gasse waren das Bierhaus Walgenbach, die Bäckerei Selkes und der Metzger Waldrich. An den erinnere ich mich besonders gern, denn da gab es, wenn ich mit meiner Mutter dort einkaufte, das berühmte „Stitzje", ein Stück Fleischwurst. Da waren wir Kinder ganz scharf drauf.

Es gab noch mehr Läden und Handwerker, aber da erinnere ich mich nicht mehr dran. Es gab, so hörte ich später aus Erzählungen, elf Gaststätten und Kneipen in der Gasse, einige hatten einen kleinen Saal. Die wurden auch gebraucht, denn es gab eine Menge Vereine. Gesangverein, Kirmesgesellschaft, Kunstradfahrverein, Gewichtheber, Ringer und Karnevalisten, um nur einige zu nennen, hatten dort ihre Veranstaltungen. Zur von der Partei veranstalteten Nikolausfeier kamen alle Kinder aus der Gasse im Hotel Weinand zusammen. Zu der Zeit hatte der gar nicht so heilige Mann einen bösen Spießgesellen dabei, Hans Muff oder auch Belzebub genannt, der mit seiner Rute oft schmerzhaft zuschlug, vor dem hatten wir mächtig Bausche, sprich Angst. Aber die Tüte mit Gebäck nahmen wir gern. Auf die Printen waren bunte Bilder aufgeklebt.

Das für die Kirmes 1908 geschmückte Tor des ehemaligen Dominikanerklosters.

Angeblich wohnten vor dem Krieg rund 4000 Menschen in der Gasse, das war vielleicht übertrieben, denn laut Adressbuch von 1939 waren es viel weniger. In den Wohnungen ging es oft recht beengt zu. Die meisten Eingeborenen hatten eine Menge Kinder und wenn der Vater auf Fronturlaub war, erhöhte sich nach neun Monaten meistens die Kinderzahl. Da schliefen oft fünf, sechs oder noch mehr Menschen in einem Raum. Die Klos waren meistens im Hof oder auf dem Zwischenstock im Treppenhaus. Bäder gab es auch nicht, gewaschen wurde sich am Spülstein. Ein Kraftakt war die große Wäsche. Da wurde die „Wäschbitt“ in der Küche aufgestellt und die Wäsche eingeweicht. Kochwäsche wurde in einem großen Topf gemacht, der auch zum Einmachen gebraucht wurde. Eingemacht wurde viel. Ich sehe noch den Stab, der durch ein Loch im Deckel in den Topf gesteckt wurde, dort konnte man dann die Temperatur im Topf ablesen. Ich erinnere mich nicht nur an Obst, sondern auch an Gurken, saure Bohnen und Sauerkraut. Dieses Einmachgut wurde dann in großen Töpfen oder Fässern aus Keramik im Keller gelagert. Wenn dann noch die Kartoffeln, Kohlen und Briketts eingekellert waren, konnte der Winter kommen.

Die Kohlenträger mussten schwer arbeiten. Oft kam der „Brand“ nicht in den Keller, sondern auf den Speicher. Das Heizmaterial wurde in Säcken transportiert und die Kohlenträger waren meist kohlrabenschwarz. Wenn die Männer gefragt wurden, warum sie so schwarz wären, sangen sie das Liedchen: „Wat get dat eich aan, dat get eich gar nix aan, wenn mir nur wat ze schwanze hann, schwanze hann. Mir schwanze Kohle on Brigetts, dovon hann mir dann och die dreggije Wätz.“ Mit Watz war der Kopf gemeint.

Vielfältige Nachbarschaft

Wenn Schnee lag, zog der „Krämersch Uba“ mich mit dem Schlitten ans Geländer an der Eisenbahn. Mit anderen Kindern durften wir dann den Hügel von der Überführung bis zur Einmündung der Fischelstraße rodeln. Autos kamen da kaum, ab und zu schon mal ein Militärfahrzeug, aber die alten Herren vom Geländerverein hatten uns im Auge.

Bei Regen stand ich gern hinter dem Fenster zur Gasse hin und sah den Regentropfen zu, die auf der Straße hüpften. Die Mutter und die Oma hatten mir im feinsten Hochdeutsch das Liedchen beigebracht: „Et räjend, et räjend, die Dächer wiere nass, doh komme zwei Soldätcher, die wiere plätschenass." Von wegen Hochdeutsch, alle Erwachsene und natürlich auch Kinder, mit denen ich zu tun hatte, sprachen das wunderbare „Kowelenzer Platt", für mich die Hochsprache heute noch.

Das Verhältnis zur Nachbarschaft war gut, meine zwei Damen hatten gute und viele Kontakte. Das wichtigste Kommunikationsinstrument war die Fensterbank. Im Sommer waren fast alle Fensterbänke belegt, meistens mit Frauen, die hatten dann das Geschehen auf der Gasse genau unter Kontrolle. Meine Oma und meine Mutter hatten breite Hornstreifen an den Ellenbogen, nur vom Fenstergucken. Sie wussten, wer bei wem ein- und ausging, ob die Nachbarin beim Friseur war oder einen neuen Hut hatte. Im Blickfeld der beiden durfte ich vor dem Haus auf der Straße spielen. Die soziale Kontrolle war umgreifend. Die Struktur der Bewohner ging durch alle Schichten. Mein Onkel Steff erzählte mir nach dem Krieg öfter voller Stolz, dass vom Dienstmann über den Notar, den Generalmajor a. D. bis zum Brauereibesitzer alles in der Weißer Gasse vertreten war. Heute kann man das noch im eben erwähnten Adressbuch nachlesen.

Die Bütt

In der Woche wurden wir Kinder mit Kernseife und Waschlappen gewaschen, aber einmal in der Woche, samstags, mussten wir in die „Bütt". Später sollte das mal für mich noch eine andere Bedeutung haben. Zwischen zwei Stühlen in der Küche stellte die Mutter eine kleine Zinkwanne auf. Auf dem Kohleherd wurde Wasser heiß gemacht, ich hatte immer das Gefühl, es wurde gekocht. Zuerst kam das Wasser in das Wännchen und dann ich. Zum „Aufweichen" saß ich dann eine längere Zeit da drin, bis das Wasser langsam kalt wurde und die Hände und Füße schrumpelig waren. Dann wurde ich von der Mutter oder der Oma geschrubbt und nach gelungener Reinigung abfrottiert.

Ich kann mich erinnern, dass öfter, wenn ich im Wännchen saß, eine Frau von der NSDAP kam, um den monatlichen Beitrag zu kassieren. Meine Mutter war inaktiv Mitglied in der Frauenschaft. Im Wohnzimmer hing zwischen zwei Fenstern sogar ein Bild vom Führer in seiner braunen Arbeitskluft mit Hakenkreuzarmbinde. Ich habe das bisher immer verschwiegen, um nicht bei den heute so sehr aktiven, durch die Gnade der späten Geburt verschont gebliebenen Erbsenzählern für politisch braun eingestuft zu werden. Wir Kinder standen ja auch mit Hakenkreuzpapierfähnchen am Straßenrand, wenn aus irgendeinem Grund eine Militärparade abgehalten wurde oder ein nationaler Feiertag war.

Es wird ungemütlich

Selbst als Kind merkte man, dass irgendetwas nicht stimmte, es lag etwas in der Luft, im wahrsten Sinne. Die Erwachsenen steckten immer öfter die Köpfe zusammen und sahen besorgt dem Briefträger entgegen, der die Post brachte. Mit zittrigen Händen öffneten die Frauen die Feldpostbriefe, manche Briefe enthielten auch die Nachricht, dass der Mann, Sohn, Bruder oder Enkel für das Vaterland im Kampf gefallen sei. Wir hatten Glück, mein Vater war siegreich in Paris eingezogen und hatte meiner Mutter von dort Par-

Nach dem Angriff am 24. April 1944: Löscharbeiten am Kino Thalia an der Alten Moselbrücke

fum geschickt. Die Oma hielt von dem Duftwässerchen nichts, sie blieb bei Kölnisch Wasser 4711. Es dauerte aber nicht lange, da kam die Feldpost von meinem Vater aus Russland.

Ich durfte auch nicht mehr allein vor die Haustür. Mit meinem Holzroller fuhr ich die zehn Meter „Kutschegässchen“ rauf und runter, sonst schaute ich mit der Mutter oder der Oma am Fenster. Gespielt wurde nur noch in der Wohnung, dazu wurde sogar das Wohnzimmer, „die goode Stuff“, von der Oma zur Verfügung gestellt. Hier konnte ich mich mit meiner Ritterburg, einem Baukasten und einem Sandkasten müde spielen. Der Sandkasten war eine alte Schublade, in die hatte der Onkel Steff ein kleines Dorf in den Sand gebaut. Sogar einen See gab es da, das war eine Spiegelscherbe. Auf dem See schwammen kleine Entchen. Der Sand war fixiert, damit er nicht aus dem Kasten verschwand.

Die ersten Bomben fallen

Auch beim morgendlichen Spaziergang mit dem Opa Krämer zum Bahngeländer war die Stimmung oft bedrückt. Es wurden auch mehr Soldaten und Kriegsgerät per Bahn transportiert. Die Oma und die Mutter hörten abends sehr aufmerksam die Nachrichten. Damals wusste ich nicht, dass sie Feindsender hörten. Wir hatten zwei Radios, den Volksempfänger, das sogenannte Göbbelsmaul, und einen größeren Apparat, ein Blaupunktradio mit einem grünen Licht oben links. Als Kind hatte ich immer gedacht, die Musiker und Märchenerzähler wären ganz klein und säßen in dem Kasten. Immer öfter hörte man auch die Sirenen heulen, Probealarm, sagte die Mutter.

Einmal, es war wunderschönes Wetter, schaute ich mit meiner Mutter vom Fenster aus zwei Flugzeugen zu, die in der Sonne glänzten. Sie drehten ihre Runden über der Stadt. Vor unserem Haus stand ein Schutzmann. Die Mutter rief ihm zu: „Karl, wat es met denne

Bombenschäden im Altengraben 1944:
Die Bayernstuben kennen wir Koblenzer besser als Goldener Stern.

zwei doh owe?" „Mach dir keine Gedanke Lena, dat sen deitsche Offklärer." Der hatte noch nicht ganz ausgesprochen, da sahen wir die Bomben kommen. Ziel war sehr wahrscheinlich die Adolf-Hitler-Brücke. Die war ja nicht weit von uns entfernt und von dem Luftdruck wurden wir vom Fenster in die hinterste Zimmerecke geschleudert. Alarm gab es keinen. Gott sei Dank ist uns und dem Schutzmann nichts passiert und die Brücke wurde auch nicht getroffen. Aber ich habe geschrien wie ein Ochse am Spieß, ich hatte Angst. Ich glaube, da habe ich zum ersten Mal registriert, dass vom Himmel nicht nur Gutes kommt, was sich ja noch auf grausame Art und Weise bestätigen sollte.

Luftschutzkeller

Ich war gut vier Jahre alt, da bemerkte ich, dass die Oma und meine Mutter meine kleine Badewanne als Transportmittel benutzten. Das Feiertagsgeschirr aus dem Wohnzimmerbüfett wurde in Zeitungspapier eingewickelt und in die Wanne oder einen Weidenkorb, eine sogenannte Manne, gepackt und runter in den Keller getragen. Auch andere Gegenstände, die nicht jeden Tag gebraucht wurden, wanderten in den Keller, ein Teil meines Spielzeuges auch. Meine Mutter erklärte mir auch, warum: „Wenn nochemol Bombe falle wie neilich, wo mir zwei en die Eck gefloch sen, dann gieht dat goode Porzellan on dä annere Krom kabott, deswäje kimmt dat en de Keller." Vor dem Keller fürchtete ich mich. Da gab es Ratten und den unheimlichen Butzemann. Mit dem wurde einem ja immer gedroht und das hörte sich so an: „Jungelche, wenn de net brav bes, kimms de en de Keller. Doh es dä Butzemann, dä brengt dich zor Räson." Seit der Zeit hatten Keller für mich immer etwas Unheimliches, das Gefühl blieb auch. Aber leider blieb mir der Keller nicht erspart.

Immer öfter gab es Fliegeralarm. Vom Küchenfenster aus konnten wir die auf dem Wöllershof stationierten Fesselballons aufsteigen sehen. Das sah unheimlich aus, wenn die über der Mauerkante auftauchten. Ich hatte auch mal einen Zeppelin über der Stadt fliegen gesehen, da standen alle Weißer Gasser auf der Straße und staunten. Bei den Fesselballons, die ja feindliche Flieger abhalten sollten, staunte niemand. Bei Voralarm blieben wir noch in der Wohnung, aber fertig angezogen und mit gepackter Tasche. Wenn die Sirenen dann Vollalarm heulten, gingen wir in unseren Keller. Den Butzemann habe ich da unten nicht getroffen, aber Ratten. Meistens passierte nichts und wenn es Entwarnung gab, war die Stadt in der Re-

Ursel Simmes und ich 1943 auf dem Goebenplatz (heute Görresplatz)

gel verschont geblieben. Wenn mal wieder Alarm war, sah meine Mutter aus dem Fenster und schaute sich den Himmel an. „Au, heit es Fliejerwetter, et es sterneklor, heit kommen se widder.“ Oder sie sagte: „Dä Himmel es bedeckt, vill Woleke, heit komme se net.“ Wenn Fliegerwetter war, wurde zuerst das große Radio in Sicherheit gebracht. Meine Mutter wickelte den Feindsenderempfänger in eine Wolldecke und stellte ihn unter den Küchentisch. Sie glaubte, wenn eine Bombe aufs Dach fällt, fängt der Küchentisch die Trümmer auf und das Radio bleibt ganz. Bald sollte sich aber herausstellen, dass dies ein Irrglaube war.

Luftkampf über Neuwied

Das Leben ging, wenn nicht gerade Alarm war, ziemlich normal weiter. Hungern musste ich nicht und bekam auch noch mein „Stitzje" beim Metzger Waldrich. Ab und zu kam meine Pflegeschwester, für mich die Tante Lotte, mit ihrer Tochter Ursel aus Neuwied zu Besuch. Die Ursel war ein Jahr jünger als ich, wir kamen gut miteinander zurecht. Wir fuhren auch gern nach Neuwied zur Tante Lotte in die Reckstraße. Ich freute mich immer, wenn ich dort übernachten durfte. Die Wohnung hatte Klappläden an den Fenstern und ich fühlte mich besonders geborgen, wenn die abends zugeklappt wurden. Auch ihr Mann war irgendwo als Soldat unterwegs. Die Tante Lotte war eigentlich kein Pflegekind meiner Mutter, sondern ein Stiefkind aus ihrer ersten Ehe. Egal wie, sie war auf jeden Fall nett.

Einmal beobachteten wir am hellen Tag von der Reckstraße aus einen Luftkampf am Himmel über Neuwied. Viele Leute standen mit uns auf der Straße und starrten zum Himmel. Meine Mutter erklärte mir, dass zwei deutsche Flugzeuge einen englischen oder amerikanischen Flieger jagen würden. Die Jagd war für die deutschen Flieger erfolgreich, die waren ja auch zu zweit, der Feind wurde abgeschossen und stürzte im Steilflug vom Himmel. Viele, viele Jahre später, ich durfte für den SWR im Fernsehen zusammen mit Frau Reiß den Karnevalszug in Heimbach-Weiß kommentieren, erfuhr ich von einem älteren Einheimischen, dass dieser Flieger ganz in der Nähe des Ortes abgestürzt war.

Ursel Simmes und ich 1943 vor dem Schloss

Im Paradies

Unter Paradies stellt man sich ja eine heile Welt vor, ein Land, wo Milch und Honig fließen. Unser Paradies sah anders aus, das „Paradies“ war und ist immer noch eine kurze Straße in der Altstadt. Dort, im späteren Hotel Metropol, damals noch ein Wohnhaus, war unser zugewiesener Luftschutzkeller. Der Hauskeller in der Weißer Gasse war nicht mehr sicher genug. Es kamen immer öfter und immer heftigere Bombenteppiche auf die Stadt, meistens in den späten Abendstunden oder nachts. Immer öfter wurde ich, völlig angezogen, außer den Schuhen, abends ins Bett gesteckt. Ich schlief auch nicht mehr bei der Mutter im ersten Stock, mich steckten die Erziehungsberechtigten ins „Kabäusje“ im Erdgeschoss, hinter dem Laden. So sollte ich schneller aus dem Haus kommen.

Eine steile Treppe ging von der Straße „Im Paradies“ runter in den zweistöckigen Gewölbekeller. Viele Leute flüchteten sich dahin, auch viele Kinder. Manche Leute wohnten schon dort, weil ihre Wohnung oder ihr Haus zerstört war. Man schlief in zweistöckigen Holzbetten auf Strohsäcken. Oft schliefen, je nach Alter, vier Kinder in einem Bett. Zwei mit dem Kopf am Fußende und die anderen zwei richtig rum.

Die Altstadt geht im Bombenhagel unter

Nie vergessen werde ich die Nacht auf den 7. November 1944. Meine Mutter hatte den Fliegeralarm nicht ernst genommen, weil ja eigentlich kein Fliegerwetter war. Der Himmel war bedeckt. Aber als dann die ersten „Christbäumchen“ als Orientierungsleuchten für die englischen Bomber am Himmel auftauchten, wurde es höchste Zeit, nur mit Mühe und Not und mit Hilfe der Feuerwehr erreichten wir noch unser Paradies. Der Keller war schon geschlossen, aber ein Soldat, es kann auch ein Mann von der Feuerwehr oder vom Luftschutzdienst gewesen sein, verschaffte uns Zugang in unser „Kellerparadies“.

Dann ging das Inferno über uns los. Es krachte und dröhnte, die Bomben schlugen in der Nachbarschaft ein. Der Keller bebte und schwankte, der Putz rieselte von der Decke. Die Luft war schlecht im Keller, ich hatte meinen Kopf bei meiner Mutter in den Schoß gesteckt. Sie hielt mir die Ohren zu, damit ich möglichst wenig von dem Krach mitbekam, auch nicht von dem Geschrei der Menschen. Das Ganze dauerte eine Ewigkeit, heute weiß ich, es waren 20 Minuten, unheimlich lange 20 Minuten, dann war es fürs Erste vorbei.

So langsam beruhigten sich die Leute wieder, aber sie waren voller banger Sorge, wie es in der Stadt aussah. Stand ihr Haus noch? Gab es ihre Wohnung noch? Hatten es alle Angehörigen und die Nachbarn noch in die Schutzräume geschafft? War keiner aus der Familie umgekommen?

Raus aus dem Keller durfte niemand. Aber die ersten Meldungen kamen von Rotkreuzleuten oder vom Luftschutzdienst: „Da sieht es schlimm aus; euer Haus steht noch; dort steht ein ganzer Straßenzug in Flammen; die Türme der Liebfrauenkirche brennen“, lauteten die ersten Meldungen. Unser „Paradies“ war heilgeblieben, der ganze Gebäudekomplex blieb im Wesentlichen unversehrt. Dafür sah es aber umso schlimmer in der Weißer Gasse aus. Nach zwei oder drei Tagen durften wir in die Gasse. Da stand fast kein Stein mehr auf dem anderen, teilweise qualmte es noch aus den Trümmern. Von unserem Haus war nichts mehr da, nur noch ein Teil der Hausfassade stand und auf einer Fensterbank standen zwei oder drei Blumentöpfe ohne Blumen. Von außen konnte man durch die Fenster den grauen Himmel sehen. Meine Mutter und meine Oma weinten, ich weinte mit. Die Mutter kletterte über die Trümmer, was ihr mit ihrem steifen Bein schwerfiel, um zu sehen, ob noch irgendetwas Brauchbares in den Trümmern zu finden war. Sie brachte nur einen meiner Spielzeugsoldaten mit, ohne Kopf. Dieser kopflose Kämpfer begleitete mich noch viele Jahre als Spielkamerad.

Koblenzer Bombennächte

Rundum sah man nur verzweifelte Menschen. Viele stocherten in den Trümmern nach etwas Brauchbarem. Viele weinten, einige hatten auch Verbände oder gingen an Krücken. Männer mit Armbinden liefen herum und warnten vor Blindgängern. In den Trümmern war es wirklich gefährlich, immer noch stürzten Mauern ein. Immer wieder hörte man die Leute fragen, was nun werden solle, wie es weitergehen würde und wo sie hinkönnten. Später habe ich in einem Buch von Hannelore Kraeber ein Gedicht gelesen, das zeigt, dass einige trotz allen Elends den Humor nicht verloren hatten. Ein Hauseigentümer hatte über sein zerstörtes Klohäuschen geschrieben: „40 Jahr hab' ich hier geschissen, bis der Tommi (Engländer) mich hat rausgeschmissen. Würde der Göring nicht Meier heißen, könnt ich hier in Ruhe weiterscheißen."

Das war nicht der einzige Angriff auf unsere Stadt, den ich miterlebte. Oft flogen feindliche Bomberverbände über die Stadt, die ihre todbringende Last über anderen Städten abwarfen. Nie sollte ich das Gebrumme der schweren Bomber vergessen, nie die brennenden Häuser und nie geht mir der Geruch aus der Nase, der von den Trümmern ausging, wenn die Feuerwehr gelöscht hatte. Es ist noch nicht lange her, da habe ich nachts noch von diesen Bombennächten geträumt, ich machte dann Stimmen im Schlaf und war froh, als meine Frau mich weckte und der Albtraum vorbei war.

Wir haben als Kinder viel Schlimmes erlebt, heute würde man sagen, wir wären traumatisiert und bekämen eine Therapie. Uns hat niemand danach gefragt, auch nicht später in der Schule. Wenn wir mal eine schlechte Arbeit geschrieben hatten, hat keiner gesagt: „Die armen Kinder sind nicht dumm, die sind traumatisiert.“ Auch den Erwachsenen blieben die schlimmen Tage und Nächte nicht in den Kleidern stecken, aber sie mussten damit allein fertig werden. Die Väter, die aus dem Krieg zurückkamen, waren nicht dieselben Männer, die in den Krieg hatten ziehen müssen. Viele, auch mein Vater, haben zu Hause von ihren Erlebnissen in Russland oder an anderen Fronten nichts erzählt.

Thüringen wartet

Unsere neue Adresse war jetzt der Luftschutzkeller im Paradies. Hier spielte sich das Leben ab. Wir Kinder spielten in den Gängen, Kinder können überall spielen. Schlimm war es, wenn wir auf die Toilette mussten, das waren Trockenklos, die am Notausgang im Burggraben standen. Die wurden nicht regelmäßig geleert und stanken bestialisch. Die Erwachsenen saßen auf ihren Betten und überlegten, wie sie aus dem Dilemma rauskommen könnten. Einige packten ihre paar Habseligkeiten, die sie schon länger im Luftschutzkeller deponiert hatten, und machten sich ab zur Verwandtschaft irgendwo aufs Land. Die hatten es gut, wir kannten niemanden auf dem Land und nach Neuwied zur Tante Lotte konnten wir auch nicht, da fielen ja auch noch Bomben.

Aber die Stadtverwaltung hatte schon eine Lösung parat. Wer sonst nirgendwo unterkommen konnte, wurde nach Thüringen evakuiert. Einige auch in den Schwarzwald, aber die meisten Koblenzer mussten nach Thüringen, wir auch. Wintersdorf, in der Nähe der Skatstadt Altenburg, hieß unser zugewiesenes Ziel. Nun fingen die Oma und die Mutter an, die paar Kleidungs- und Wäschestücke, die sie wie die anderen auch schon unter ihrem Strohsack liegen hatten, einzupacken. Täglich warteten sie auf den Abreisetermin.

Da erschien eines Morgens meine leibliche Mutter im Luftschutzkeller, um mich abzuholen. Sie wurde auch wie wir nach Thüringen

Kopie „An die Bevölkerung von Koblenz!".

An die Bevölkerung von Koblenz !

Es ist notwendig geworden den Wohnaufenthalt in Koblenz auf einen besonderen Personenkreis zu beschränken.

Die hierzu gehörenden Personen erhalten durch Vermittlung ihres Dienststellenleiters bezw. Betriebsführers einen besonderen Ausweis (Aufenthaltsgenehmigung).

Alle anderen Personen müssen Koblenz verlassen.

Soweit sie nicht durch Selbsthilfe, z.B. bei Verwandten oder Bekannten auswärts Unterkunft finden, werden sie nach Möglichkeit zu geschlossenen Transporten Zusammengefaßt und in die vorgesehenen Aufnahmegebiete verbracht.

Gepäck, soweit es selbst getragen wird, kann mitgenommen werden.

Die Aufforderung zur Teilnahme an den Transporten ergeht durch die Ortsgruppen der Partei. Dieser Aufforderung ist unbedingt Folge zu leisten.

An Stelle der sonst üblichen Abreisebescheinigungen, die augenblicklich nicht ausgestellt werden können, erteilen die Ortsgruppen der Partei behelfsmäßige Ausweise, die dort sofort zu beantragen sind.

Alle übrigen Weisungen und Einzelheiten werden jeweils durch die Orts-Gruppen bekanntgegeben.

Der Kreisleiter
gez. Cattepoel
K.-Kreisleiter

I/0749

zwangsevakuiert, denn etwas anderes war dieser Umzug ja nicht. Sie sollte nun mit inzwischen fünf Kindern in die Evakuierung. Mein zweitältester Bruder war gestorben, aber es kam ja dauernd Nachschub. Ich sollte auch mit. Meine Mutter und meine Oma lehnten das Vorhaben ab, obwohl sie es ja ohne mich leichter gehabt hätten. „Dä Jung bleift bei uns. Sie hann doch met dänne annere Pänz genocht am Bein“, war ihre Antwort und dabei blieben sie auch. Als ich merkte, was los war, verfiel ich in einen Schreikrampf. „Mit dir ginn ich net, dau bes net mein Modder, dat es mein Modder“, brüllte ich durch den Keller. Um unsere Betteninsel hatte sich eine Menschentraube gebildet. Einige unterstützten meine Oma und meine Mutter: „Frau Gniffke, sen Se doch fruh, dann hann Se doch eine winnijer zo versorje.“ Meine leibliche Mutter zog betrübt ab, vielleicht war sie ja tatsächlich etwas erleichtert, mit einem Kind weniger in die ungewisse Zukunft reisen zu müssen.

Es tut mir heute noch leid, wenn ich an die Szene im Luftschutzkeller denke, für meine leibliche Mutter muss das schlimm gewesen sein. Aber im Rückblick muss ich sagen, für mich und meine weitere Entwicklung war es gut so. Ich bin auch dankbar für die Zwangsevakuierung nach Thüringen, denn die hat vielen das Leben gerettet. Da hatte der liebe Gott oder einer der von der Oma so oft beschworenen 14 Englein die Hand im Spiel.

Weihnachten in Tschechien

Bevor der Marschbefehl nach Thüringen kam, brachte der Briefträger einen Brief von der Wehrmacht in den Luftschutzkeller. Meine Mutter sah nicht glücklich aus, als sie den Umschlag in Empfang nahm. Aber beim Lesen kam dann wieder Farbe in ihr Gesicht. Der militärische Vorgesetzte meines Vaters teilte meiner Mutter mit, dass sie und ich als nächste Angehörige den Vater auf dem in Tschechien stationierten Bauzug besuchen könnten. Fahrausweise und was sonst noch gebraucht wurde war im Briefumschlag.

Die Wehrmacht hatte entschieden, dass die besonders bedrohten nächsten Angehörigen ihrer Soldaten, Angehörige aus dem Rheinland und dem Ruhrgebiet, Weihnachten auf dem Bauzug in der Etappe bei ihren Männern und Vätern verbringen dürften, um dem Bombenhagel zu entgehen. Mein Vater war als Elektriker bei einer Nachrichtenabteilung. Er war aus der Hölle von Stalingrad im letzten Moment entkommen und lag nun mit seiner Einheit und deren Bauzug auf einem kleinen Bahnhof in Tschechien. Meine Mutter freute sich, aber es gab ein Problem, die Oma durfte nicht mit. Meine Mutter hatte noch ein Gesuch geschickt, aber das wurde abgelehnt.

Mittlerweile hatte die Oma ihren Abreisetermin für Thüringen auch erhalten. Wir würden dann nach Weihnachten auch zu ihr nach Wintersdorf kommen. Schweren Herzens trennten wir uns und fuh-

3

ren in verschiedene Richtungen, in der Hoffnung, uns wiederzusehen, per Bahn davon. Ich erinnere mich an eine lange Bahnfahrt in einem eiskalten und überfüllten Zug. Aber dank militärischer Fürsorge hatten wir reservierte Plätze. Die wurden uns zwar nicht so ohne Weiteres überlassen, aber meine Mutter forderte ihr Recht, sie konnte sehr energisch sein.

Am Zielbahnhof wurden wir nicht wie erwartet abgeholt, wir marschierten mit unserem Koffer gefühlte zehn Kilometer, in Wirklichkeit waren es vielleicht nur zwei, durch einen vom Schnee bedeckten Wald. So viel Schnee hatte ich noch nie gesehen. Für meine Mutter mit ihrem steifen Bein und mich mit meinen kurzen Beinen war das eine schwere Strapaze, aber wir kamen spät am Abend an. Der Chef meines Vaters entschuldigte sich bei meiner Mutter, dass wir nicht abgeholt worden waren. Aber wir waren früher als erwartet angekommen, das war damals trotz Kriegswirren bei der Bahn noch möglich.

Spielen auf dem Bauzug

Es waren schon mehrere Frauen mit ihren Kindern da. Mein Vater freute sich riesig, uns zu sehen, und umgekehrt natürlich auch. Der Bauzug war ein Reparaturzug, die Soldaten hatten die Aufgabe, die Telefonleitungen an der Bahnstrecke in Ordnung zu halten. Die wurden von Partisanen immer wieder zerstört. Der Bahnhof hatte nur zwei Gleise, ein Hauptgleis und ein Abstellgleis, darauf stand der Bauzug. Da waren Personenwagen und Werkstattwagen an die Dampflok angekoppelt. Natürlich war auch ein Küchenwagen dabei. Ein Soldat spielte den Koch, seine Helfer waren russische Kriegsgefangene, die zu uns Kindern sehr nett waren.

Tante Lotte aus Neuwied mit ihrem Mann zu Besuch auf dem Bauzug

Tagsüber waren wir im Zug oder auf dem Bahnhofgelände, abends wurden wir mit einem Pferdeschlitten in ein nahe gelegenes Dorf gebracht. Dort hatte die Wehrmacht ein Rittergut beschlagnahmt, meine Mutter und ich schliefen allein in einem riesigen Saal. Mein Vater hatte uns ein Röhrenradio gebastelt, damit die Mutter die Nachrichten hören konnte, und eine Telefonverbindung zum Zug gab es auch. Das Haus wurde von Soldaten bewacht. Morgens wurden wir wieder vom Pferdeschlitten abgeholt. Manchmal durften wir Kinder über Nacht im Zug schlafen, in den Bettkojen der Soldaten, die Männer fuhren dafür mit den Frauen zum Rittergut. Warum das so war, konnte ich mir damals nicht denken, aber mir und den anderen Kindern gefiel das sehr. Die Russen spielten uns abends mit ihren Mundharmonikas in den Schlaf, manche sangen auch Lieder in einer Sprache, die wir nicht verstanden. Auf dem Bahnsteig brannten in Eisenkörben Feuer.

Der kleine Bahnhof hatte sogar einen Bahnhofsvorsteher. Seine zwei erwachsenen Töchter mussten morgens immer mit einer durch Muskelkraft betriebenen Draisine die Bahnstrecke, von zwei Soldaten bewacht, zur Kontrolle abfahren und eventuelle Mängel dem Chef der Soldaten melden. Jeden Tag durften zwei, drei Kinder mitfahren. Es war zwar saukalt auf der Draisine, aber schön und abenteuerlich.

Die Zeit auf dem Bahnhof vergesse ich nie, das war nun wirklich für uns das Paradies. Kein Alarm, keine Flieger, keine Bomben, keine brennenden Häuser, keine Ruinen, dafür aber glückliche Frauen und Kinder. Wir spielten den ganzen Tag in dieser herrlichen Schneelandschaft. Die größeren Kinder hatten auf einem zugefrorenen Bach eine Rutschbahn gezogen. Groß war die Freude, als unsere Tante Lotte aus Neuwied zu Besuch kam. Sie durfte auch mit ihrer Tochter ihren Mann besuchen, der ebenfalls in Tschechien stationiert war.

Friedliche Weihnachtstage

Dann kam Weihnachten und am Heiligen Abend die Bescherung. Auf dem Bahnsteig stand ein riesiger Tannenbaum mit vielen elektrischen Lichtern. Über uns ein Sternenhimmel, wie ich ihn nie mehr gesehen habe. Ein katholischer Priester aus dem Dorf las die Weihnachtsgeschichte vor. Ich hörte die zum ersten Mal und hatte Mitleid mit dem kleinen Jesuskind und seinen Eltern. Die Soldaten und wir sangen „Stille Nacht", die Russen sangen ihre Weihnachtslieder. Sie hatten für uns Kinder Holzpferde und andere Figuren geschnitzt und wurden ihrerseits von den deutschen Soldaten beschenkt. Zum Abendessen gab es Kartoffelsalat mit Würstchen für uns Kinder, für die Erwachsenen, auch für die Kriegsgefangenen, gab es gebratene Hühnchen. So etwas hatte ich noch nie gesehen, ich wusste, dass Hühner Eier legen, aber dass man das gefiederte Vieh auch essen kann, wusste ich bis dahin nicht.

Ich glaube heute, dass an diesem Abend niemand auf dem kleinen Bahnhof an Krieg gedacht hat, und als dann vom nahen Dorf eine Kirchenglocke läutete, sah ich meine Mutter weinen. Ich glaube, sie war in Gedanken bei meiner Oma, wir wussten ja nicht, wie es ihr an diesem Heiligen Abend ging. Ich spürte damals als fast Sechsjähriger, dass dieser Heilige Abend auf dem kleinen Bahnhof in Tschechien ein besonderer Abend war. Ich werde ihn nie vergessen.

Zur Oma

Aber mit des Geschickes Mächten ist bekanntlich kein ewiger Bund zu flechten. Unser Aufenthalt im Bahnhofsparadies war bald zu Ende, die Front kam näher und wir Zivilisten mussten den Bauzug verlasen. Unser nächstes Ziel war jetzt Wintersdorf in Thüringen, wo die Oma schon war und wir hin mussten. Wir fuhren mit der Eisenbahn durch Tschechien in Richtung Wintersdorf. Unterwegs wurde der Zug im Bahnhof von Prag auf der Durchfahrt von Partisanen beschossen. Ich erinnere mich noch, dass wir uns im Abteil auf den Boden legen mussten.

Die Oma war beim Ortsvorsteher von Wintersdorf untergekommen. Hier war auch unser Quartier. Zwei Zimmerchen unter dem Dach. Toilette wie gewohnt im Hof, Wasser am Brunnen. Der Eingang zum Haus war hinten. Man ging durch einen kleinen Hof, einen Garten gab es auch, aber da durften wir nicht rein, das hatten uns die Hausbesitzer strengstens verboten, denn wir hätten ja Obst und Gemüse klauen können. Überhaupt kann man sagen, dass die Leute in Wintersdorf, die wir kennenlernten oder kennenlernen mussten, zu uns Flüchtlingen nicht besonders freundlich waren. Wir Rheinländer waren für sie halbe Franzosen und nicht selten wurden die Frauen auch als Franzosenhuren beschimpft.

Heute kann ich das in etwa verstehen, wenn ich das Verhalten mancher Zeitgenossen den Flüchtlingen unserer Zeit gegenüber beob-

achte. Wir wurden ja in die Häuser und Wohnungen der Thüringer auf Befehl von oben einquartiert. Da mussten Zimmer geräumt und Möbel zur Verfügung gestellt werden. Die Hausfrau musste oft ihre Küche mit der Flüchtlingsfrau teilen, obwohl wir selten etwas zum Kochen hatten. Die Thüringer bewachten auch ihre Felder, damit wir uns von dort nicht versorgen konnten.

In Koblenz hatte ich während des Krieges keinen Hunger, aber in Thüringen lernte ich den Kamerad Kohldampf wirklich kennen. Dennoch hatte ich Glück im Unglück. Im ersten Stock wohnte eine alte Frau, auch ein Flüchtling, die hatte Probleme mit den Zähnen und konnte die Brotkrusten nicht kauen. Wenn sie also mal wieder welche hatte, durfte ich mir die bei ihr abholen. Gott sei Dank waren ja unsere Mütter und Großmütter findige Leute, irgendetwas brachten die immer auf den Tisch.

Diese Frauen, oft auch Trümmerfrauen genannt, müssten heute noch posthum alle Bundesverdienstkreuze mit Schwertern und Brillanten bekommen für das, was sie im und nach dem Krieg geleistet haben. Aber das haben die heutigen Generationen vergessen, von den Frauen spricht heute kaum noch jemand. Ich ziehe auf jeden Fall voller Anerkennung und Dankbarkeit meinen Hut vor ihnen.

Bemmen und Zucker

Gott sei Dank gab es auch freundliche Thüringer, die auch schon mal eine Bemme (ein Butterbrot) für uns Kinder hatten. Vom Krieg hatten die noch nichts erlebt, die kannten keine Bomben, das kam später. Wir Flüchtlingskinder spielten mit den Kindern aus Wintersdorf. Mit deren Dialekt hatten wir Probleme, allerdings die mit unserem Rheinisch auch. Als die Front immer näher kam, gab es des Öfteren Fliegeralarm. Wir mussten dann in einen Stollen in einem Braunkohlebergwerk, die Kohle wurde im Tagebau abgebaut. Das war auch der Arbeitsplatz für viele Wintersdorfer. Ein zweiter Erwerbszweig war der Tabakanbau. Viele Frauen rollten in Heimarbeit Tabakblätter zu Zigarren. Meine Mutter und die Oma auch, da habe ich immer gern zugesehen.

Die nächste Stadt war Meuselwitz. Dort oder kurz davor gab es eine Zuckerfabrik. Als dann auch hier die ersten Bomben fielen, wurde diese Fabrik zerstört. Das sprach sich schnell herum und alles, was laufen konnte, stürmte nach Meuselwitz, um in den Trümmern der Fabrik Zucker zu stehlen. Ich lief mit meiner Mutter zigmal hin und her, die Taschen voller Zucker. Ich konnte gar nicht verstehen, was wir mit so viel Zucker machen wollten. Aber die Mutter sagte: „Doh kenne mer gar net genocht von kreje, dä brauche mer noch." Das sollte sich dann auch bestätigen.

Bei so einer Zuckerbeschaffungstour trafen wir auch meinen Vater. Wir standen an einem geschlossenen Bahnübergang zwischen Wintersdorf und Meuselwitz. Auf der anderen Seite stand ein Soldat in voller Montur mit Gewehr und Tornister. Meine Mutter sagte zu mir: „Däh Soldat dohenne seht aus wie däh Vadder." Da winkte der auch schon, er hatte uns auch erkannt. Das war ein glückliches Wiedersehen – für einen Tag. Mein Vater hatte ein paar Tage Sonderurlaub bekommen, um nach Koblenz zu fahren. Da waren bei einem Angriff im März seine Eltern in Lützel im Keller ihres Hauses an der Ringmauer umgekommen. Er erzählte uns auch, wie schlimm es in Koblenz aussah. Mittlerweile hatten die Pioniere auf dem Rückzug auch alle Brücken gesprengt.

Die Amis kommen

Ein paar Tage später kamen die Amerikaner. Ganz Wintersdorf war mit weißen Betttüchern beflaggt. Wir standen alle auf der Straße und sahen den einrollenden Amerikanern zu. Ihre Panzer mit dem großen weißen Stern und die Lastwagen, oft voll gepfercht mit gefangenen deutschen Soldaten, fuhren durchs Dorf. Zur selben Zeit

Der Zaun am Schulhof ist auch im Frühjahr 1990 noch da.

schlich sich mein Vater durch die Büsche, er hatte seine Einheit, die bei Bebra eingekesselt war, nicht mehr erreicht und hatte sich zu uns durchgeschlagen. Er war noch in Uniform und bewaffnet. Er versteckte sich im Wald.

Von einem Jeep aus mit Lautsprecher wurden wir von einem Amerikaner in deutscher Sprache aufgefordert, uns in die Hauskeller zu begeben, so lange, bis dieser Befehl widerrufen würde. Alle Hausbewohner waren nun im Keller versammelt. Die Kellertüre wurde geöffnet und zwei pechschwarze amerikanische Soldaten kamen, mit Maschinenpistolen bewaffnet, auf der Suche nach versteckten deutschen Soldaten und Waffen die Kellertreppe runter. Da sie gleich sahen, dass hier nur Frauen und Kinder saßen, lächelten sie uns beruhigend zu. Als die nun die Zähne zeigten und die Augen rollten, ging das Geschrei los. Vor den Schwarzen hatten wir Angst, dafür hatte die Propaganda der Nazis gesorgt. Aber die beiden Soldaten wollten nur freundlich sein und verteilten Kaugummi. Die meisten im Keller wussten gar nicht, was das war und was man damit anfangen sollte. Aber die beiden brachten uns das mit Vorkauen bei.

Jetzt war hier der Krieg vorbei, ohne dass eine Bombe ernsthaften Schaden angerichtet hatte. Die Amerikaner richteten in der Schule ihre Kaserne ein. Mein Vater tauchte auch wieder auf. Von dem evangelischen Pfarrer hatte er Zivilklamotten bekommen, seine soldatischen Attribute hatte er im Garten vergraben. Er meldete sich bei den Amerikanern und bekam sofort Arbeit als Elektriker im Braunkohletagebau in Wintersdorf.

Die Russen marschieren ein

Das Leben der Amerikaner spielte sich hauptsächlich auf dem Hof der Volksschule ab, darum konnten wir 1945 auch nicht eingeschult werden. Auf dem Schulhof waren in Zelten Kriegsgefangene untergebracht. In einem großen Zelt trafen sich die Amis zum Essen. Vorn, direkt am Schulzaun, war eine Grube ausgehoben worden, da wurden die Reste der Verpflegung reingeworfen, mit Benzin übergossen und verbrannt. Wir Flüchtlingskinder standen am Zaun, uns lief das Wasser im Mund zusammen. Da war noch so viel Essbares dabei, da hätten wir alle von satt werden können. Aber die Soldaten durften uns auf Befehl von oben nichts abgeben. Etwas weiter im Wald war ein Zeltlager der Militärpolizei, von denen bekamen wir schon mal Schokolade, den berühmten Kaugummi oder Brot, wer Glück hatte, schon mal eine angebrochene Dose mit Corned Beef. Die Erträge unserer Betteltour nahmen wir mit heim, die anderen hatten ja auch Hunger.

Über Nacht zogen die Amis ab und die Russen marschierten ein. Wir hatten den Abzug der Amerikaner nicht mitbekommen, die Thüringer scheinbar doch. Wo abends noch die Betttücher als Flaggen an den Häusern im Wind geweht hatten, hingen jetzt rote Fahnen mit Hammer und Sichel. Die schlauen Leute hatten aus den Hitlerfahnen die Hakenkreuze rausgeschnitten und durch das Emblem der neuen Besatzer ersetzt. Sie waren für alle Fälle vorbereitet.

Der Einmarsch der Russen war, verglichen mit dem Einzug der Amerikaner, ein Trauerspiel. Dort Panzer und große Militärfahrzeuge, hier Lafetten, von Panjepferden gezogen. Dort gut genährte Soldaten, hier ärmlich aussehende, die teilweise auf Strohbündeln auf den Lafetten lagen und schliefen. Auf mancher Lafette war über den Köpfen der Soldaten von vorn bis hinten ein Seil gespannt, da hing Wäsche zum Trocknen dran. So also sahen Sieger aus.

Wir wollen heim

Den Russen ging es ernährungstechnisch schlecht, darum ging es uns noch schlechter als vorher. Jetzt wurde der Wunsch immer lauter, wir wollten wieder heim. Obwohl die Erwachsenen wussten, wie schlimm es in der Trümmerstadt Koblenz aussah, wollte keiner hier in Wintersdorf bleiben. Am Küchentisch wurden Pläne geschmiedet, wie man den Rückmarsch organisieren kann. Es war klar, wir mussten per pedes zurück an den Rhein. Fahrgelegenheiten gab es keine, es war auch niemand da, der das organisieren konnte. Wir waren ja nicht die Einzigen, die wieder heimwollten. Jetzt kam der geklaute Zucker aus Meuselwitz ins Spiel. Bei unserem Hausherrn wurde ein Teil gegen einen Leiterwagen eingetauscht, der Rest ging für gebrauchte Kleidung drauf.

An einem Morgen im Frühsommer ging es los. Mein Vater und meine Mutter zogen den Leiterwagen, meine Oma und ich marschierten dahinter. Ab und zu durften die Oma oder ich auch mal auf dem Leiterwagen sitzen. An eine Begebenheit erinnere ich mich noch deutlich. Wir mussten von dem russischen Sektor in den englischen. Am geschlossenen Schlagbaum standen russische Soldaten mit Gewehren und eine lange Schlange von Menschen, die denselben Wunsch hatten wie wir, sie wollten auch wieder heim. Die Grenzposten ließen aber nur Menschen durch, die ihnen etwas zu bieten hatten. So öffneten manche Armbanduhr, mancher Ring oder Fotoapparat den Schlagbaum.

Vor uns stand ein Mann allein mit seinem Leiterwagen. Er hielt dem Posten eine Flasche Schnaps hin. Der nahm den Schnaps und machte den Schlagbaum hoch. Meine Mutter hatte blitzartig die Situation erkannt und hing sich mit unserem Wagen an den des Vordermanns, als würden wir zu ihm gehören. So passierten wir die Grenze irgendwo in Thüringen. Wie sich später herausstellte, war der Vordermann aus Köln.

Wo das alles passierte, weiß ich nicht mehr. Ich weiß, dass wir unterwegs mehrmals entlaust wurden und dass wir von einem Bauern so gut verpflegt wurden, dass ich drei Tage mit Dünnpfiff im Bauernhaus im Bett lag. Mein Magen war Fett und Fleisch nicht mehr gewöhnt. Heute wüsste ich gern, wo wir überall hergelaufen sind und wie lange wir gebraucht haben, um wieder heimzukommen. Aber früher hat mich das nicht interessiert und heute ist niemand mehr da, den ich fragen kann. Darum schreibe ich hier auch auf, an was ich mich noch erinnere und was ich noch von Erzählungen weiß.

Endlich wieder daheim

Irgendwann waren wir wieder am Rhein, genau gesagt in Ehrenbreitstein. Hier wurden wir wieder entlaust. Die Amerikaner hatten im Coenenschen Palais eine Entlausungsstation eingerichtet, da musste jeder, der auf die andere Rheinseite wollte, durch. Mit einer Art Luftpumpe wurden wir eingepudert. In die Hose, unter das Hemd und die Mädchen und Frauen auch unter den Rock. Das Zeug stank, aber die Läuse und wir haben das Puderfestival überlebt. Mit dem Zug fuhren wir von Ehrenbreitstein nach Koblenz, Endstation Hauptbahnhof. Die

Die Weißer Gasse am 2. Mai 1945

Schiffbrücke über den Rhein gab es nicht mehr. Mit unserem Handgepäck, den Leiterwagen hatten die Eltern unterwegs eingetauscht, gingen wir durch die Trümmer vom Hauptbahnhof in die Altstadt. Die Stadt war eine Trümmerwüste. Auf der Löhrstraße konnten gerade zwei Leute nebeneinander gehen, rechts und links Schuttberge. An den Straßenkreuzungen hatten die Franzosen für ihre Soldaten Wegweiser aufgestellt, die ihnen den Weg zu den Kasernen und Dienststellen anzeigten.

In der Gemüsegasse

Meine Eltern und die Oma brauchten keinen Wegweiser, unser Ziel war die Gemüsegasse 10. Dieser Teil der Altstadt, Gemüsegasse, Mehlgasse und Münzstraße, auch die Nordseite der Straße „An der Liebfrauenkirche", hatte wie durch ein Wunder den Krieg fast unzerstört überlebt, während die Liebfrauenkirche sehr gelitten hatte. Die Türme und Dächer waren abgebrannt, alle Fenster kaputt, aber die Gewölbe waren heil geblieben. Wir mussten also in die Gemüsegasse Nummer 10. Dort wohnte der Bruder meiner Oma, Stefan Bornheim mit seiner Frau Trautchen. Zwei Zimmer auf dem zweiten Stock waren ihr zu Hause. Das war nicht viel, aber mehr, als wir hatten, und wir zogen zu viert in die kleine Wohnung. Die Zu- und Umstände habe ich ja an anderer Stelle schon ausgiebig beschrieben. Aber jetzt kam ein Mann in mein Leben, der meine Zukunft entscheidend mitbestimmte, eben dieser Stefan Bornheim, mein Onkel Steff.

Kopie des Läusescheins

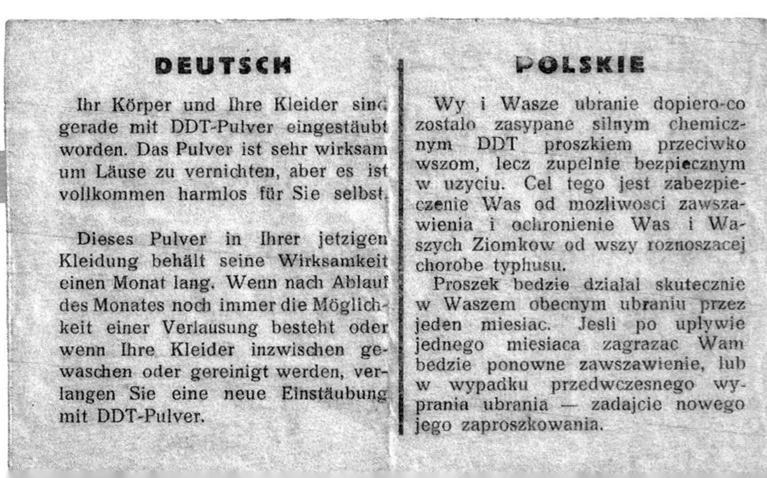

DEUTSCH

Ihr Körper und Ihre Kleider sind gerade mit DDT-Pulver eingestäubt worden. Das Pulver ist sehr wirksam um Läuse zu vernichten, aber es ist vollkommen harmlos für Sie selbst.

Dieses Pulver in Ihrer jetzigen Kleidung behält seine Wirksamkeit einen Monat lang. Wenn nach Ablauf des Monates noch immer die Möglichkeit einer Verlausung besteht oder wenn Ihre Kleider inzwischen gewaschen oder gereinigt werden, verlangen Sie eine neue Einstäubung mit DDT-Pulver.

POLSKIE

Wy i Wasze ubranie dopiero-co zostalo zasypane silnym chemicznym DDT proszkiem przeciwko wszom, lecz zupelnie bezpiecznym w uzyciu. Cel tego jest zabezpieczenie Was od mozliwosci zawszawienia i ochronienie Was i Waszych Ziomkow od wszy roznoszacej chorobe typhusu.

Proszek bedzie dzialal skutecznie w Waszem obecnym ubraniu przez jeden miesiac. Jesli po uplywie jednego miesiaca zagrazac Wam bedzie ponowne zawszawienie, lub w wypadku przedwczesnego wyprania ubrania — zadajcie nowego jego zaproszkowania.

Die Ruinen des ehemaligen Dominikaner Klosters.

Dä Offbau aussem Trümmerschutt

Dä Offbau
Schunkellied
Text: Richard Wilke
Musik: Josef Mehnert

Mer trinn die Nut häi met Humor,
baue off on singe em Chor:

Schwupp, schun's widder en Schepp
mit Dreck, alles ohne Bodder on Speck.
Mir scheppe sulang wie-et nur gieht –
bes unser Kowelenz stieht.
Refrain

En unsem scheene Kowelenz,
do seht et furchtbar aus.
Wor einst die scheenste Residenz,
kabott es jedes Haus.
Beguggt äich nur die Liehr, dä Plon,
die Häuser ohne Dach
on Fenstere mit Holz verschlon,
weil mer et Glas net hat.
alle: Mer trinn die Nut häi ...

Die Regierung hat schun's angefängt,
mer seht et iwwerall
wie an die Bärjerschläit se denkt,
frocht se häi em Saal.
Dä ein, dä krischt e beß'je Sand,
dä anner garnet vill
paar Stein, et es doch allerhand,
zom Scheppe en Hammerstill.
alle: Mer trinn die Nut häi ...

Dä Kowelenzerhoff, dai Parkhotel,
jo met vill Spaß on Fraid,
*wurd offgebaut su eilisch schnell.**
Die Bärjer die hann Zäit.
Worom solle mier et eilisch hann,
ons Möwel säin kabott.
Die Wertschaft kurbelt sich mol an,
dann krenn mer Herd on Pott.
alle: Mer trinn die Nut häi ...

Mer scheppe ohne Rast on Roh
on losse ons net stiere
die Bombelecher einfach zo
on doon uns net plamiere.
On säin die Arme äi'm och schlapp,
mir mache uns nix draus.
Die Trümmer reiße mir nur ab
on mache Speiß für et Haus.
alle: Mer trinn die Nut häi ...

* für die französische Besatzung, Quelle: Funken Rot-Weiß, Liedertext-Faltblatt 1947

226

Kopie Lied „Dä Offbau"

Dä Bornheims Steff

Der Onkel Steff war für mich etwas ganz Besonderes. Ein kleiner Mann, immer akkurat gescheitelt, mit einem Hitlerschnurrbart und einem verschmitzten Lächeln. Er war schon im Ersten Weltkrieg Soldat gewesen und im Zweiten Weltkrieg Unteroffizier aufgrund seines Alters in der Etappe. Er hatte nur eine kleine Rente, darum musste seine Frau bei ihrer Schwester, die in Köln-Nippes eine Gastwirtschaft betrieb, als Küchenhilfe etwas dazuverdienen. Dieser Onkel Steff wurde jetzt ganz selbstverständlich, ohne dass ihm das jemand befohlen hätte, mein Erzieher. Nachdem wir bei ihm ausgezogen waren, wir hatten eine Wohnung in der Rheinkaserne in Lützel bekommen, lief ich jeden Tag von Lützel zum Onkel Steff in die Gemüsegasse.

Seine Wohnung war eine typische Kleinrentnerwohnung. Auch bei ihm spielte sich alles in der Küche ab, es gab ja nur noch das Schlafzimmer. In dem stand außer dem Doppelbett und dem Kleiderschrank noch ein Vertiko mit dem Waschlavoir – eine Waschschüssel mit einem Wasserkrug. Daneben war noch Platz für ein Kruzifix unter einer Glashaube. In der Ecke hinter der Tür war der Nachteimer versteckt. Mehr ging da auch nicht rein. Über dem Bett hingen zwei Portraits, eines von der Tante und eines vom Onkel. Ein russischer Kriegsgefangener hatte sie mit Bleistift gemalt.

Die schönsten Stunden meiner Kindheit

In der Küche standen oben rechts und links vom Fenster je ein Küchenschrank, auf der rechten Seite ein kleines Sofa und ein Küchentisch samt vier Stühlen. Einer der vier Stühle barg ein Geheimnis. Da hatte der Onkel unter dem Sitz eine kleine Schublade angebracht.

Tante Trautchen und Onkel Steff

Darin versteckte er seine Wertsachen: seine Orden aus den beiden Kriegen, darunter das Eiserne Kreuz. Auch sein Ausweis war da versteckt, samt Stammbuch und Armbanduhr. Den meisten Platz nahm der Küchenherd ein. Fließendes Wasser gab es im Treppenhaus. Rechts von der Eingangstür, einen Flur gab es nicht, hing der Gaszähler. Dieser wurde mit Groschenmünzen gefüttert. Keine Münzen – kein Gas. Mit Gas wurde gekocht, geheizt wurde mit Kohle. Im Treppenhaus stand sein Heiligtum, sein Werkzeugschrank. Die Miete betrug etwa 18 R-Mark und wurde am Monatsersten per Mietbuch

1896 G.C.C. 1925
Gesellschaft
„Jwwerfiehrte"
Der Kleine Rat

bei der Hausbesitzerin, der Frau Gilsbach, bar bezahlt. Sie wohnte in der Beletage im ersten Stock. Kinder hatten die Bornheims nicht, brauchten sie auch nicht, denn sie hatten ja mich. Sie liebten mich wie ihr eigenes Kind.

Hier verbrachte ich jetzt viele Stunden mit meinem Onkel, die Tante war ja meistens in Köln. Der Onkel baute in seiner kleinen Küche Puppenstuben, ich war sein Helfer. Beim Onkel Steff verbrachte ich die schönsten Stunden meiner Kindheit. Er war mein Erzieher, mein Lehrer und mein Vorbild. Obwohl er kein Kirchgänger war, unterstützte er mich wie die Oma auch in meinem Wunsch, Messdiener in Liebfrauen zu werden. Onkel Steff, der vor dem Krieg Protokoller und Elferrat bei der Karnevalsgesellschaft „Iwwerfiehrte“ in der Weißer Gasse war, lehrte mich, die „Kowelenzer Faasenacht“ als Brauchtum zu lieben und auch aktiv zu betreiben. Bei einer Kappensitzung der Weißer-Gasser-Kirmesgesellschaft 1953 im Hotel Weinand stand ich mit ihm in einem Zwiegespräch zum ersten Mal in der Bütt. Es sollte noch 20 Jahre dauern, da stand ich in der Bütt der Großen Koblenzer Karnevalsgesellschaft in der Rhein-Mosel-Halle. Dem Onkel Steff habe ich viel zu verdanken. Zu seinen Lebzeiten konnte ich ihm das leider nicht vergelten. Wie gern möchte ich ihn jetzt zum Frühschoppen einladen oder ihn zusammen mit meiner Frau und Tante Trautchen mit dem Auto durch unsere schöne Stadt und die vom Herrgott gesegnete Landschaft drum herum kutschieren. Aber sein Denkmal ist in meinem Kopf, in meinem Herzen und in diesen Zeilen.

Foto oben: Karnevalsgesellschaft „Iwwerfiehrte" 1925, Stefan Bornheim rechts unter der Fahne

Foto links: Stefan Bornheim und Richard Wilke – zwei Altstädter Karnevalisten

Messdiener in Liebfrauen

Wir waren wieder zurück in der Altstadt, wir wohnten jetzt an der Alten Moselbrücke Nr. 9 und gehörten kirchlich zur Pfarrgemeinde Liebfrauen. Dank der Tatsache, dass ich als Produkt einer Mischehe katholisch getauft war, durfte ich 1948 in Liebfrauen mit zur ersten heiligen Kommunion gehen. Wir waren damals in der Altstadtpfarrei 54 Kommunionkinder, im Jahre des Herrn 2019 gab es in der „Owerpfarr" laut Pfarrbrief nicht ein Kommunionkind. Pastor war damals Dr. Heinrich Chardon, ein sehr beliebter Priester. Kaplan war Theo Fassbender, ein Jesuit und für die damalige Zeit ein sehr mutiger Prediger. Kommunionsunterricht erteilte uns die Schwester Mutter Eleutheria, eine gutmütige und freundliche Nonne aus dem Ursulinenkloster. Sie achtete auch darauf, dass wir einigermaßen sauber waren, schließlich kamen wir ja vom Spielen auf den Trümmern. Im Sommer liefen die meisten von uns barfuß oder mit selbst angefertigten Holzsandalen. Die Klamotten waren oft dreimal gewendet oder aus alten Wehrmachtsuniformen geschneidert. Im Winter trugen wir Jungen lange und furchtbar kratzige, an einem Leibchen befestigte Strümpfe. Auch zu Hause wurde auf Sauberkeit geachtet, mit dem Läusekamm ging man diesem Ungeziefer jeden Abend ans Leben. Trotz Topfhaarschnitt, „Debbchensschnitt" genannt, einem Pony und Läusepulver, waren die Biester nicht kleinzukriegen.

Der Unterricht fand in der Michaelskapelle statt. Damals gab es von der Mutter Eleutheria noch Fleißkärtchen, das waren Heiligenbild-

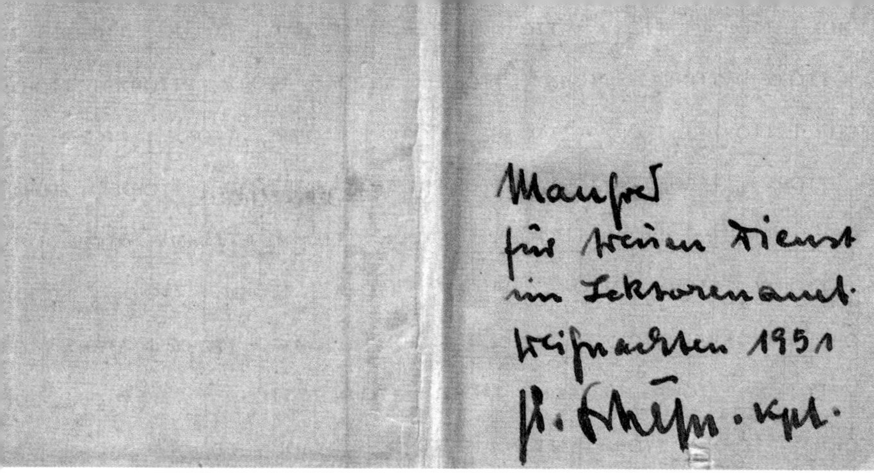

Kopie Schott

„Klein St. Marien" im Jahr 1948

chen. Mit so einem Fleißausweiß konnte man der Oma schon mal 10 Pfennig für ein paar Bonbons entlocken. Nach der Kommunion wurden einige von uns vom Pastor angesprochen, ob sie Messdiener werden wollten, ich war auch dabei. Sofort war ich Feuer und Flamme, aber ich musste noch die Eltern fragen, denn damals hatte das für die übrigen Familienmitglieder noch gravierende Folgen. Denn die ersten Gottesdienste waren oft schon morgens um 6 oder 7 Uhr. Das bedeutete auch für den Rest der Familie früh aufzustehen. Aber die ganze Familie, mitsamt meinem Onkel Steff, war dafür. Meine Oma, eine fromme Frau, begleitete mich zum Dienst in den frühen Gottesdiensten, anschließend ging sie dann zu ihrem Marktstand auf dem Münzplatz, den sie mit meiner Mutter betrieb.

Messdiener in „Klein St. Marien"

Die Liebfrauenkirche war damals noch eine Notkirche. Man hatte in die große Kirche eine kleine Kirche reingebaut, die hieß „Klein St. Marien“. Am ersten Adventsonntag 1945 wurde in dieser Notkirche der erste Gottesdienst gefeiert. Wir Messdiener mussten viel lernen, das hielt einige von meinen Klassenkameraden auch von diesem Dienst ab. Einmal in der Woche war Messdienerunterricht im Peter-Friedhofen-Haus in der Florinspfaffengasse. In der dazugehörenden Kapelle lernten wir den Dienst am Altar. Wir lernten das Stufengebet in Latein, verstanden haben wir das nicht.

Wir kannten alle hohen kirchlichen Feiertage, den Katechismus, Teile der biblischen Geschichte. Wir wussten, wie der Altar gedeckt wurde, welche Gewänder der Priester trug und in welcher Reihenfolge er sie anlegte. Wir hätten auch den Messkelch für den Gottesdienst vorbereiten können. Wir kannten die Farben des Kirchenjahres, den Dienst bei einfachen Gottesdiensten, aber auch den komplizierten bei feierlichen Hochämtern. Für Gottesdienste mit besonderer Liturgie wie Karfreitag oder die Auferstehungsfeier wurde extra geprobt. Für besonders Kleine von uns gab es Probleme

Als Messdiener mit Kaplan Ewald Schäfer bei einer Trauung in der Peter-Friedhofen-Kapelle

mit dem Messbuch. Das musste ja von der einen zur anderen Altarseite getragen werden und war dick und schwer. Öfter schon mal kam einer von meinen Kollegen samt Messbuch zu Fall.

Wir hatten auch hervorragende Obermessdiener. Hans Krepele, Gerd Staaten, die Gebrüder Radermacher und Elmar Genevriere fallen mir ein. Ich diente mich im Laufe der Jahre auch im wahrsten Sinne des Wortes zu diesem Amt hoch. Wir mussten eine Prüfung ablegen, die leider nicht alle bestanden. Ich glaube, von den 15 oder 16 Jungen fielen sechs durch, ich bestand. Die meisten Schwierigkeiten machte uns das Latein, das Confiteor und das Suscipeat waren schwere Hürden. Nach bestandener Prüfung und feierlicher Aufnahme in die Messdienerschar durften wir bei der Schiffswallfahrt der Pfarrei nach Bornhofen mit Röckel und Rochett im Herbst 1948 dabei sein. Ab 1951 war ich Lektor in Liebfrauen, wie die Inschrift in dem Messbuch, das ich zu Weihnachten vom Kaplan Schäfer geschenkt bekam, bestätigt: „Manfred für treuen Dienst im Lektorenamt. Weihnachten 1951. E. Schäfer. Kaplan" steht da im Schott. Wir begleiteten den heiligen Nikolaus als Messdiener am 5. Dezember durch die Altstadt und traten als Sternsinger in Altenheimen, auf öffentlichen Plätzen und bei Privatleuten auf.

Das Osterfeuer brennt

Spannend war die Geschichte mit dem Osterfeuer. Unser Obermessdiener hatte uns glaubhaft weisgemacht, dass der Funke, der das Osterfeuer entzünden sollte, in jedem Jahr aus Kieselsteinen geschlagen würde. Wir wurden also, mit Zunder bewaffnet, in den Moselhafen geschickt. Da lagen Berge von Kies. Wir suchten uns die dicksten Steine aus und klopften uns die Finger wund, den Zunder bekamen wir nicht in Brand gesetzt. Aber oh Wunder, unser Herr Obermessdiener verschwand, mit zwei Kieselsteinen und Zunder bewaffnet, zu Beginn der Auferstehungsfeier hinter dem Kirchenportal. Wir hörten draußen die Steine aufeinanderschlagen und kurz drauf erschien er mit dem brennenden Zunder. Wir kleinen

Fronleichnam 1956: Die Herren rechts und links vom Himmel mit Kerzenleuchtern sind die „zwölf Apostel" der Matthiasbruderschaft. Hinter dem Himmel mit Amtskette: Oberbürgermeister Josef Schnorbach

Messdiener kamen damals aus dem Staunen nicht heraus und bewunderten den Feuerschläger. Später wussten wir, dass er das Feuer mit dem Feuerstein aus einem Feuerzeug entzündet hatte.

Mit den Pastoren und Kaplänen kam ich gut zurecht. Einer der Pastore war bei uns kleinen Messdienern schon mal schnell mit einer Ohrfeige dabei, der gütige Pastor Chardon hätte sich das nie erlaubt. Ich gehörte übrigens auch zu den auf diese besondere Art ausgezeichneten. Aber meistens gab es für damalige Verhältnisse gute Gründe dafür. Hätte ich das zu Hause erzählt, hätte ich bestimmt noch so einen Orden erhalten. Aber die Eltern wurden das doch gewahr. Wenn das Vergehen gravierend war, wurde man „gesperrt“. Das hieß, man durfte zwei oder drei Wochen nicht dienen. Beim

*Die „großen" Messdiener von Liebfrauen. Von rechts:
Achim Haberberger, Dieter Schuster, Manfred Gniffke, verdeckt Gerd Köhl,
Hans-Walter Nörtersheuser, Manfred Moritz und Franz Schäfer*

Gang ins Hochamt, sonntagmorgens um 10 Uhr, sah sich mein Vater den Messdienerplan an, der hing vor der Kirchentüre rechts in einem Kasten. „Dau stiehs gar net om Messdienerplan, wat es loss? Hasde widder wat ausgefress?" Die Folge des Geständnisses konnte Stubenarrest bedeuten.

Osterfeuer 1980 vor der Liebfrauenkirche

Prozessionen und Weihrauch

Beliebt war der Dienst bei Beerdigungen und Hochzeiten. Für den Dienst im Traueramt und der anschließenden Beerdigung bekam man schulfrei. Damals waren diese Veranstaltungen morgens. Auf dem Friedhof waren zwei Messdiener dabei, ein Kreuzträger und je nachdem, wer da zu Grabe getragen wurde, auch einer mit dem

Rauchfass und Schiffchen. Bei kirchlichen Trauungen gab es oft ein Trinkgeld. Dieses gab es auch, wenn fremde Priester zu Gast waren. Die hielten ihren täglichen Gottesdienst, damals für die gesalbten Herrn noch Pflicht, an einem Seitenaltar. Für den Messdiener gab es meistens 50 Pfennig für seinen außerplanmäßigen Einsatz.

Wir waren stolz, Messdiener in Liebfrauen zu sein. Mit Kurt Butterbach hatten wir einen Pastor, der besonderen Wert auf eine feierliche Liturgie legte. Wir hatten in Liebfrauen auch sehr lange erwachsene Messdiener, ich war als zweifacher Vater noch dabei. Wir hatten zu Zeiten von Herrn Butterbach Bittprozessionen durch die Gassen der Altstadt, eine Wallfahrt nach Maria Hilf in Lützel, nach Bornhofen und nach St. Sebastian Rhein. In feierlichen Hochämtern wurde am Schluss das Allerheiligste in einer Monstranz, begleitet von uns Messdienern und viel Weihrauch, durch die Kirche getragen. Diese Prozession nannte man Umgang. Dann kamen auch die zwölf Apostel der Matthiasbruderschaft zum Einsatz. Das waren Männer, die im schwarzen Anzug, Fronleichnam im Stresemann, das Allerheiligste mit einem Kerzenleuchter beim Umgang in der Kirche begleiteten. Die hatten auch ihren Platz in den vorderen Reihen der Kirche. Dieser Umgang war einer der ersten „Alten Zöpfe“, die der Nachfolger vom Herrn Butterbach, Pfarrer Hans Lambert, abschaffte.

Übrigens, so lange ich dabei war, ist mir kein Fall bekannt, dass einer meiner Messdienerkollegen von einem Priester misshandelt oder missbraucht wurde, und ich war schließlich 50 Jahre ehrenamtlich in Liebfrauen tätig.

Katholische Jugend

Im Sonntagsstaat nach dem Hochamt in Liebfrauen Anfang der 60er-Jahre. Von links: Wilfried Nievenheim, Manfred Gniffke, Helmut Paasche, Manfred Lohner, Ferdi Bocklet, Karl-Heinz Brinkmann

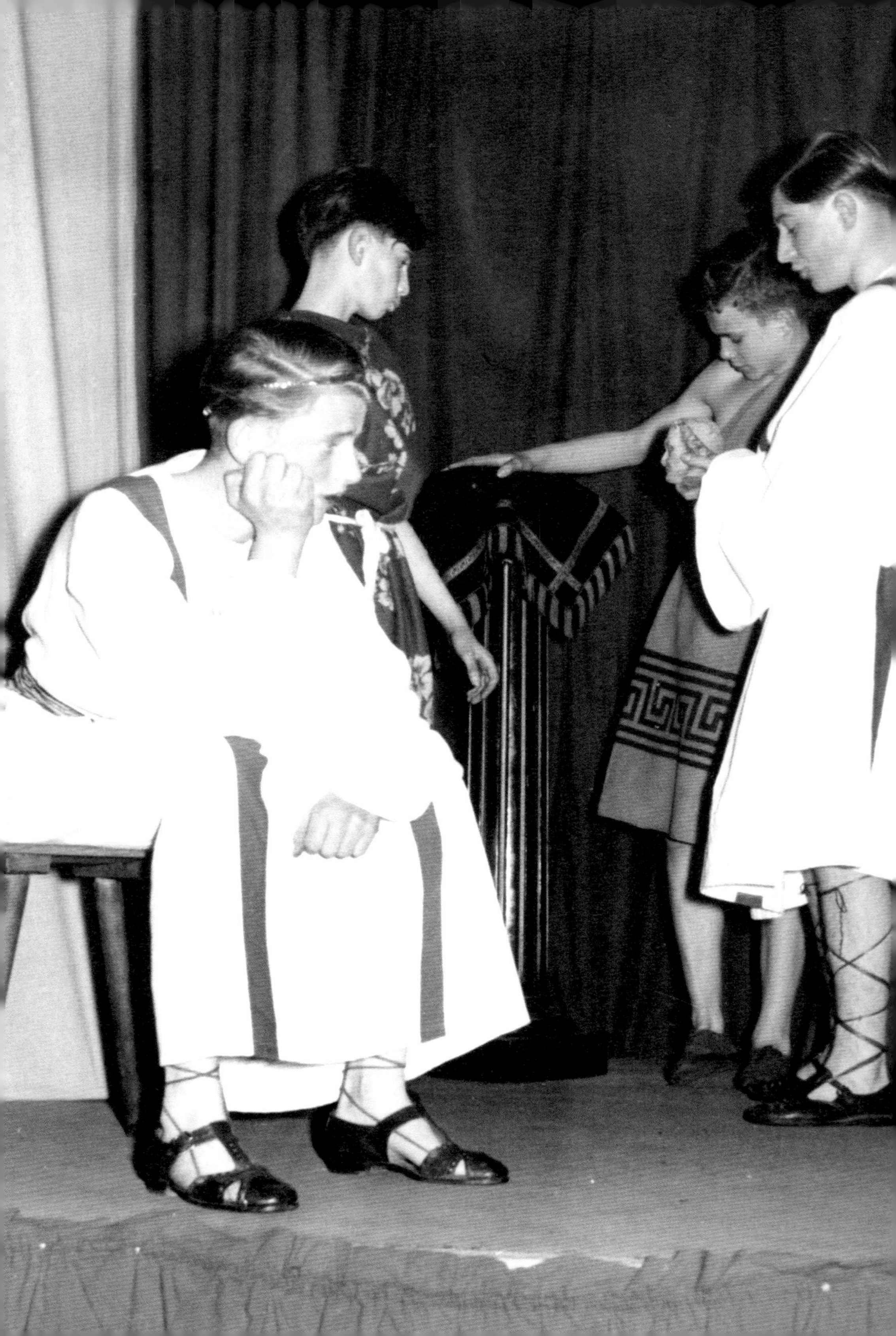

Aufnahme in die Pfadfinderschaft St. Georg 1953 in Liebfrauen.

Wer Messdiener war, gehörte auch zur Kaju, das heißt Katholische Jugend, die Älteren sagten auch „Schnippes“ dazu. Unser Treffpunkt war das Pfarrhaus Liebfrauen, hier fanden die Gruppenstunden der Kaju statt. Eine herrliche Zeit. Wir haben Theater gespielt, ich erinnere mich noch an die Stücke „Ministranten sind keine Engel“ und „Alexamonos“. Beim letzteren durfte ich die Titelfigur spielen, einen römischen Märtyrer. Fahrradtouren und Wanderungen haben wir gemacht, viel Zeit im Zeltlager verbracht und noch mehr gefeiert. Besonders mit dem Kaplan Hans Wendel. Unser Pastor Kurt Butterbach feierte mit seiner Haushälterin, für uns war das

Theateraufführung „Alexamonos“ im Jugendheim von St. Kastor

Mit dem Fahrrad in Österreich. Von links: Wilfried Nievenheim, Fritz Busenthür, Manfred Gniffke, Dieter Köhl, Rainer Schäfer, Dieter Rüttgers, Dieter Kirsch

„die Tante Käthchen", auch gern mit. Wir hatten sogar eine eigene Hauskapelle, die „Helrakeidos" unter der Leitung des begabten Musikers, meines Freundes Helmut Paasche. Wir haben Karneval im Pfarrhaus gefeiert, wir haben getanzt, ich wie ein Hemd am Stecken, aber wir hatten einen Mordsspaß. Früher gab es so einen Spruch:

„Schinkeklobbe" im Pfarrhof Liebfrauen 1951

„Trinkfest und arbeitsscheu, aber der Kirche treu." Arbeitsscheu traf nicht auf uns zu, aber der Kirche waren wir treu. Die Zeit als Messdiener, in der katholischen Jugend und der Pfadfinderschaft, waren für uns Altstädter in einer rundum nicht immer christlich gesinnten Umgebung ein Segen.

Oktoberfest 1957 im Pfarrhaus Liebfrauen, mit der Quetsch: Helmut Paasche

Unterwegs im Süden

Mit dem Kaplan Hans Wendel haben wir auch zwei Fahrradtouren durch Österreich unternommen. Dafür wurde jede Woche ein Jahr lang in der Gruppenstunde eine Sparmarke für eine Mark gekauft und in ein Heft eingeklebt. Den größten Teil dieser Fahrten finanzierten der Kaplan, seine Eltern und einige Herrn aus dem Kirchenvorstand. Die meisten von uns sahen da zum ersten Mal die herrliche Alpenlandschaft. Mein Freund Helmut und ich hat-

Oktoberfest 1957 im Pfarrhaus Liebfrauen

ten mit dem Kaplan in dessen VW Kabrio diese Landschaft schon auf einer Vortour genossen, einschließlich Besuch im Hofbräuhaus in München. Zu dieser Vorerkundung hatte uns der Kaplan eingeladen.

Im Dom zu Altenberg wurden wir in die Katholische Jugend aufgenommen. Einige Jahre später legten ein paar Jungen aus der Pfarrei

Karneval im Pfarrhaus Liebfrauen 1957, der Kaplan Hans Wendel in der Bütt

Liebfrauen, mein Freund Helmut und ich waren auch dabei, ihr Versprechen als Mitglieder der Pfadfinderschaft St. Georg ab. Das fand in einem feierlichen Gottesdienst in der Liebfrauenkirche statt. Ich war Pfarrjugendführer und Stammesführer, dafür brauchte man Prüfungen und Ausweise. Bei einem Festspiel anlässlich der Weißer-Gasser-Kirmes waren wir als Schauspieler dabei. Dies alles hät-

„Gedanzt wie eh Himd am Stecke" beim Karneval 1960 in Liebfrauen

te ich nicht erlebt, wenn ich in meiner richtigen Familie aufgewachsen wäre oder mich ein protestantischer Pastor getauft hätte. Ganz schlimm aber wäre gewesen, ich hätte meine Frau Kreszenz nicht kennengelernt. Wir kamen uns bei der Kaju näher und blieben das bis heute. Da waren sicher auch wieder zwei von den 14 Schutzengeln der Oma am Werk.

FKK

Anhänger der Freikörperkultur war ich nicht. FKK steht bei mir für Familie, Kirche und Karneval, in dieser Reihenfolge. Familie und Kirche habe ich behandelt, der Karneval steht noch aus. Die Liebe zum Brauchtum Karneval hat mir wie schon beschrieben der Onkel Steff eingeimpft. Aber meine Eltern pflegten die Faasenacht auch, jedoch mehr inaktiv. Sie waren zum Beispiel Stammgäste bei der Trockensitzung der Funken Rot-Weiß, die 1947 zum ersten Mal im Filmpalast stattfand. Ich führte diese Tradition, so lange die Sitzungen in dem Kino in der Löhrstraße stattfanden, mit meiner damaligen Freundin und späteren Mutter meiner Kinder, fort.

Prinz August I. von der Eul besucht 1971 die Sitzung der Pfarrei Liebfrauen.

Die damaligen Büttenredner waren für mich Idole. Es gab in Koblenz sehr viele und sehr gute Büttenasse. Wir in der Altstadt hatten viele Vereine, unter anderem auch einen Brieftaubenzüchterverein. Der hielt seine Kappensitzung am Fastnachtsonntag um 11.11 Uhr im Gasthaus Colling in der Gemüsegasse ab. Da durften wir als 16- oder 17-Jährige in die Bütt, da haben wir gelernt, mitten unter den Leuten. Die Pfarrei veranstaltete unter Pfarrer Hans Lambert immer an einem Sonntag auch im Gasthaus Colling eine Kappensitzung für die Senioren. Da gingen auch mein Freund Dieter und ich zusammen in die Bütt. Mit dabei Aui Diell, sein Sohn Rolli, die Damen Gertrut Iven und Leni Diell und die Frau Schäfer. Peter Iven war der Sitzungspräsident und der Herr Hoffmann aus der Münzstraße sorgte am Klavier für die musikalische Unterhaltung. Sogar die jeweiligen Prinzen besuchten uns mit kleinem Gefolge.

In einem Jahr hatte der Prinz ganz kurzfristig abgesagt. „Wat mache mer dann jetz, die ahle Leitcher waarde doch off dä Prenz?“ Dieter Rüttgers ging nach Hause, nahm seinen Elferratsfrack samt Narrenkappe und damit statteten wir dann unseren Pastor Hans Lambert aus. Die Gäste wussten nichts davon. Umso größer war daher die Freude, als dann mit großem Trara der Prinz angekündigt wurde. Die Überraschung war total, als sich dann rausstellte, dass der Pastor den Prinz spielte. Die Leute hatten Spaß, der Herr Pastor sah nicht so glücklich aus.

In die Bütt

Einmal war auch der Onkel von meinem Partner Dieter, der bekannte Karnevalist Peter Dommermuth, dabei. Ihm gefiel unser Vortrag so gut, dass er uns zum Vorsprechen am 11. November 1972 bei der

Als zwei Mondsüchtige in der Bütt der „Großen“

Großen Koblenzer Karnevalsgesellschaft einlud. Das allein war schon eine Ehre. Es wurde aber noch besser, wir wurden in die Rednergarde der Großen aufgenommen und standen 1973 zum ersten Mal als Nachwuchsredner in der Bütt der damals zusammen mit den Funken Rot-Weiß, wohl renommiertesten Karnevalsgesellschaft der Stadt. Als ich zum ersten Mal ein Plakat für die Sitzung mit unseren Namen sah, warf ich mich in die Brust wie ein Spatz in die „Bunzelle“. Da standen wir auf einem Plakat mit solchen Rednern wie Willi Hörter, Dieter Siefahrt, Peter Fischer, Hans Nobel, Karl Wörsdörfer, Peter und Leo Dommermuth, Werner Laube, Willi und Rudi Reinhard.

Dieter und ich traten am Anfang in Zwiegesprächen auf. Wir waren Mondsüchtige, Straßenmusikanten, Museumsdiener, Kellner auf dem Plan, Politessen, Bademeister und Dippelbrüder, um nur einige unserer Figuren zu nennen. Wir hatten uns in der besten Rednergarde der Stadt einen Namen gemacht. Der schlechteste Vortrag, den wir abgeliefert hatten, waren zwei Marktfrauen vom Münzplatz. Das war uns eine Lehre. Wir hatten auch zusammen mit Hans Nobel und unserem Sohn Michael eine Gesangsgruppe gebildet, die Altstadtheuler. Auch damit hatten wir Erfolg, einmal traten wir auf dem Domplatz in Mainz auf, mit uns auf der Bühne die Mainzer Hofsänger. Es war saukalt, aber der Platz war knüppelvoll. Die Hofsänger, mit blauem Mantel, weißem Schal und Narrenkappe vornehm kostümiert, sangen zwar, aber nicht richtig. Ihr Gesang kam komplett aus der Konserve. Auf meine Frage, warum, sagte mir einer der Sänger: „Ja meinen Sie, wir wollten uns hier die Stimme verderben, wir haben noch viele Auftritte.“

Als zwei hübsche Politessen

Wir hatten auch noch Auftritte, aber uns war es egal, wir haben trotz Kälte unsere Moritat in den Mainzer Himmel geschmettert. Die „Große“ hatte damals noch sieben Sitzungen und alles, was in Koblenz Rang und Namen hatte, stand auf der Gästeliste. Wenn in der Schlossstraße im Laden der EVM der Vorverkauf losging, standen die Leute schon eine Stunde vorher Schlange. Eine wichtige Rolle spielte damals die Familie Lang, die sich, Eltern und zwei Söhne, ganz der Gesellschaft verschrieben hatte. Auch Willi Hörter, Sitzungspräsident, Vorsitzender und Redner der Großen, war ein Garant für volle Säle. Man ging nicht zu den Großen in die Sitzung, man ging zum „Hörtersch Will“.

Zu Beginn unserer aktiven Zeit war Peter Dommermuth der Sitzungspräsident, ein waschechter Schängel, wie ich aus der Weißer Gasse. „Dä Pidder“, wie er genannt wurde, war eine Seele von Mensch und mit einer gehörigen Portion Mutterwitz ausgestattet. Sein berühmter Bruder Jupp war wie er Prinz Karneval in Koblenz. Mit Bruder Leo trat Peter im Duett auf.

Solo als Stadtführer

Als Mitglied der Rednergarde war für mich ein Traum in Erfüllung gegangen. Unvergessen sind mir die Rednerbesprechungen, die im September begannen und dann jede Woche bis zur ersten Sitzung im Hotel Kornpforte stattfanden. Damals war es für Büttenredner die größte Ehre, bei der Sitzung des Katholischen Lesevereins auftreten zu dürfen. Die suchten sich nur die Höhepunkte der Session aus, wir gehörten öfter dazu. Heute gehen in dieser Sitzung nur noch Berufskarnevalisten aus Köln und Umgebung in die Bütt, Koblenzer hört und sieht man da keine mehr, nur noch der Präsident ist echt.

Meine Lieblingsrolle in der Bütt: „Stadtführer"

Nachdem mein Partner aus gesundheitlichen Gründen der Bütt ade sagte, suchte ich mir eine neue Solorolle. Ich ging als Stadtführer in die Bütt und das, ohne mich selbst zu loben, mit viel Erfolg. Das war und blieb bis zu meinem karnevalistischen Ruhestand meine Paraderolle.

Peter Dommermuth überreicht mir als seinem Nachfolger seine Prinzenmütze.

Ich hatte oft die Oberen der Stadt im närrischen Fokus, was mir beruflich schadete. Damals war ich beim Kulturamt angestellt und mein Chef war der Herr Gorschlüter, seines Zeichens Kulturdezernent der Stadt. Wie wir Koblenzer sagen: „eh huh Deer“. Das war wirklich ein guter Dezernent, aber er war in seinem Äußeren sehr

Die Geschäftsführerin der Großen, Mia Lang, mit dem Vorsitzenden der Gesellschaft, Oberbürgermeister Willi Hörter

schlampig. Der trug im Mai noch Hosen mit den Schneekränzen vom Winter und seine Anzugkragen waren immer gut sichtbar mit Schuppen bedeckt. In einem Vortrag in der Rhein-Mosel-Halle, Herr Gorschlüter war auch als Gast dabei, fragte ich meinen Partner: „Amandus, wat es dä Onnerschied zwesche demm Gorschlüter on nem Hering?“ Der antwortete: „Schambes, dat weiß ich net.“ Ich sag-

Drei echte Schängel

te: „Et get keine Onnerschied, beide hann Schubbe.“ Der Saal tobte, aber mir ist das nicht gut bekommen, man drohte mir sogar mit einem Disziplinarverfahren.

Es gab aber auch sogenannte Promis, die waren sauer, wenn sie von mir in meinem Vortrag nicht bedacht wurden. Vor Wahlen wurde ich sogar öfter gebeten, den Herrn oder die Dame Sowieso zu nennen, egal, wie – Hauptsache war, sie wurden genannt. Wenn nicht Willi Hörter als mein oberster Chef zu mir gestanden hätte, wäre mein Gastspiel bei der Stadtverwaltung Koblenz schnell beendet gewesen.

Was ich eigentlich nie wollte, dann doch passierte: Ich landete im Elferrat der Großen. Es kam noch toller, ich wurde auf Wunsch von Willi Hörter, Peter Dommermuth und Mia Lang Sitzungspräsident der Gesellschaft. Als mir dieses Amt angetragen wurde – da waren manch andere Karnevalisten scharf drauf –, habe ich mit meiner Frau lange überlegt, ob ich es antreten sollte. Schließlich hatte der Peter ganz große Spuren hinterlassen. Bei einem Gespräch im Dienstzimmer des Oberbürgermeisters habe ich dann zugestimmt.

Bei der Amtsübergabe schenkte mir der „Pidder“ ganz offiziell seine Prinzenmütze mit der Maßgabe und Verpflichtung, sie zu tragen. Ich glaube, das Schlitzohr wusste damals schon, dass es mit der „Kapp“ Probleme geben würde. Denn die Mütze hatte ja einen Pelzbesatz und pelzig sind bei uns nur Prinzen und das war ich ja nicht. Einige Karnevals-Granden nahmen mir das sehr übel, dass ich jetzt bepelzt durch die Säle zog. Aber ehrlich gesagt, je mehr die sich ärgerten, umso lieber und stolzer trug ich die „Kapp“ von meinem Freund Peter Dommermuth.

Die Kapp ist weg

Das waren 13 schöne Jahre. Die Gäste der Sitzungen mussten sich an einen neuen Stil gewöhnen, denn ich wollte auf keinen Fall meinen Vorgänger kopieren. Es klappte und ich durfte sogar drei Sitzungen

Als Sitzungspräsident bei der Arbeit

der Großen für das SWR-Fernsehen leiten. Es ging nicht immer alles ganz reibungslos über die Bühne, denn wer Erfolg hat, hat auch viele Neider, die es nicht lassen können, einem Knüppel in den Weg zu legen. Nach meinem freiwilligen Rücktritt bin ich noch zweimal als Sitzungspräsident bei der Großen reaktiviert worden. In der Rhein-Mosel-Halle habe ich Kurt Beck, Malu Dreyer, Julia Klöckner, die Minister Herbert Mertin und Roger Lewentz begrüßen dürfen. Viele Ehrungen wurden mir zuteil, auch über die Stadtgrenzen hinaus. Ich wurde zum Ehrenelferrat in Niederlahnstein ernannt und bin Ordensbruder von ganz berühmten Leuten. Sehr gefreut habe ich mich über die Verleihung des „Zinnhannes Kulturpreises" und die Auszeichnung „Stern von Koblenz" im Jahr 2019. Auch eine Menge Ehrenmützen und Ehrenorden warten in meiner Schatztruhe auf ihren Einsatz.

Wirklich tief getroffen hat mich der Diebstahl meiner Stadtführermütze, der „Kapp", nach einem Vortrag in der Rhein-Mosel-Halle vor ein paar Jahren. An der „Kapp", ein Geschenk meines Schwiegervaters, hingen sehr viele schöne Erinnerungen. Obwohl sogar die Presse dazu aufforderte, mir die „Kapp" zurückzugeben, tauchte sie nicht mehr auf. Heute trete ich ohne die „Kapp" noch ab und zu als Stadtführer auf der närrischen Bühne auf. Ich bin nämlich rückfällig geworden.

Oft schon habe ich meinen Rücktritt aus der Bütt erklärt, zum ersten Mal ganz offiziell 2011. Aber immer wieder wurde ich gebeten, doch noch mal in die Bütt zu gehen, was ich dann auch gern getan habe.

Foto oben: Prinzenempfang beim BWB 1995
Foto links: Gottesdienst der Karnevalisten mit Pfarrer Helmut Kusche in Liebfrauen

Ich werde Ehrenmitglied im Februar 2004. Gratulanten sind Leo Wingen und Günter Glade (rechts).

Als Ersatzpräsident darf ich Ministerpräsident Kurt Beck 2010 bei der Sitzung der „Großen" begrüßen. Dabei Prinz Marcus von Druck und Narretei und Confluentia Claudia von der „Großen"

Prinzenempfang 2004 bei der TUS Koblenz

*Altstädter Kneipenkarneval 2019, die Akteure von links:
Christian Johann, Manfred Gniffke, Vera Dormont, Brigitte Säger
Stephan Otto, Detlef Pilger, Klaus Weber. Nicht im Bild: Rolf Ditt*

Einmal, weil es immer noch Spaß macht, aber auch, weil es nur noch wenige einheimische Büttenredner und -rednerinnen gibt. Wenn man dann gefragt wird und selbst das Gefühl hat, dass die Leute einem noch gern zuhören, bleibt gar nichts anderes übrig, als die närrische Bühne zu betreten. Es juckt einfach in den Beinen, wenn der Büttenmarsch ertönt. Aber das versteht nur jemand, der schon mal von dem Karnevalsbazillus infiziert war.

Karten innerhalb von drei Stunden verkauft

Stolz bin ich, dass meine Idee, 2019 mit ein paar karnevalistischen Freunden den Ursprung des Karnevals, den Kneipenkarneval, wiederzubeleben, sehr erfolgreich war. Im Gasthaus Dormonts in der Gemüsegasse, früher Colling, haben wir eine dreistündige Kappensitzung mit Prinzenbesuch veranstaltet. Die Karten waren innerhalb von drei Stunden verkauft. Um die Nachfrage zu befriedigen, hätten wir drei Sitzungen machen müssen. Für 2021 liegen schon Kartenbestellungen vor. Auch der Gottesdienst der Großen Koblenzer Karnevalsgesellschaft für Karnevalisten und Freunde des Karnevals am Fastnachtsonntag in Liebfrauen, 1997 von mir ins Leben gerufen, hat Tradition und findet 2021, wenn Gott will, zum 25. Mal statt.

Ich möchte die Zeit als Karnevalist nicht missen, sie hat mich geprägt. Darum habe ich diesem „K" auch ein paar Zeilen mehr gewidmet. Die Zeit und der Erfolg, aber auch mein Bekanntheitsgrad, den ich durch den Karneval hatte, haben mir Mut gemacht für zahlreiche andere Unternehmungen. Das alles hätte ich nicht erlebt, wenn ich den Onkel Steff nicht gehabt hätte und ich wie eigentlich geplant in meiner richtigen Familie aufgewachsen wäre.

Ohne das Verständnis, die Geduld und die Mitarbeit meiner Frau wäre das alles nicht gegangen.

Zo Kowelenz en der Weißer Gass

Obwohl nach dem Krieg nur noch 26 Menschen in der Weißer Gasse wohnten, feierten die Altstädter schon 1947 wieder ihre Kirmes, immer am 1. Sonntag im Oktober. In den Trümmern der Gasse wurde der Kirmesbaum aufgestellt. Mein Onkel Männe, ein Bruder vom Onkel Steff, war für das Baumloch zuständig. In den Trümmern des Dominikanerklosters hatten die Männer der Weißer-Gasser-Kirmesgesellschaft einen kleinen Kirmesplatz aus den Trümmern geschaffen, damit man auch ein Karussell aufstellen konnte.

Im Rest des Jahres, vor und nach der Kirmes, war diese Fläche unser Fußballplatz. Für die Kirmes wurde gespart, schließlich war sie außer Karneval und Weihnachten der höchste kirchliche Feiertag. Von überall kamen die Weißer-Gasser zur Kirmes wieder in ihre Gasse. Die Straße wurde mit Fahnen geschmückt, selbst an die Trümmerfassaden hing man Girlanden. Samstagabends wurde der am selben Tag geschlagene Kirmesbaum per Pferdefuhrwerk, begleitet vom Vorstand in Frack und Zylinder und einer Musikkapelle und vielen Kindern und Erwachsenen, mit Fackeln an der Herz-Jesu-Kirche abgeholt und in die Gasse gebracht.

Morgens in aller Herrgottsfrühe begab sich mein Onkel Männe ans Ausheben des Baumloches. Oft war es morgens im Oktober schon ganz schön frisch, darum wurde ich mit einer Kanne Kaffee ans Loch geschickt, wo der Onkel mit zwei, drei Helfern am

Weißer Gasser Kirmes 1933

Kirmesgesellschaft 1952 in den Trümmern

Buddeln war. Die Männer gruben gern, denn das Loch war immer an derselben Stelle. Wenn der Baum gefällt war, wurden, bevor das Loch zugeschüttet wurde, ein paar Flaschen Wein mit beerdigt. Die betrachteten die Ausgräber nun als ihre Beute und Lohn.

Der Vorstand beim Festzug Anfang der 60er-Jahre

Am Sonntag ging der Festzug durch die Stadt, damals der schönste Festzug. Da kamen selbst die französischen Soldaten in die Gasse, um den Zug zu sehen und beim Aufstellen des Baumes dabei zu sein. Mein Vater und der Onkel Steff waren im Vorstand der Kirmesgesellschaft. Wir Kinder fuhren mit geschmückten Rollern, Fahrrä-

Meine ganze Familie einschließlich Tante Lotte neben mir beim Kirmesfrühschoppen

dern oder Leiterwagen im Zug mit und freuten uns riesig auf die Kinderbelustigung am Kirmesmontag. Wir hatten schulfrei und freuten uns auf Würstchenschnappen und Freikarten fürs Kettenkarussell. Am Kirmesdienstag war dann der Abschlussball im Hotel Weinand. Hier wurden der Kirmesbaum, die gute Pferdesalami vom Pferdemetzger Hillesheim und der Quätschekooche vom Café Jachmich verlost. Das Hotel Weinand war eigentlich eine Gastwirtschaft mit ein paar Zimmern. Es hatte den Krieg überlebt und war dank

Auch die Jugend hat mitgefeiert: Rainer Schäfer, Pia Schäfer, Ursula Rüttgers, Dieter Kirsch, Kreszenz Haberger, später Gniffke, und ich.

seines kleinen Saales das Veranstaltungslokal für viele Altstadtvereine. Für die Weißer-Gasser war ihre Kirmes ein fester Bestandteil im Jahreslauf, die wurde nicht versäumt. Bei den Gesprächen hörte man immer wieder „Weiß de noch?“, es wurde über die Leute „geschnuddelt“ und oft das alte Lied angestimmt: „Zo Kowelenz en der Weißer Gass, do wor die Kärmes scheen, do hann ich mich plätschnass gedansd met meinem Fahne Lehn.“ Lang, lang ist es her.

Kowelenz

Viele Koblenzer konnten nicht wie wir dank Onkel Stefan und Tante Trautchen nach der Evakuierung in die Stadt zurück. Alle wollten sie wieder in ihre Heimatstadt. Aber es fehlte einfach an Wohnraum, da von 25 000 Wohnungen 15 000 zerstört waren. Meine leiblichen Eltern, die auch in Thüringen evakuiert waren, bekamen eine Wohnung in Rüber, der Metropole des Maifeldes, zugewiesen. Dort lebten sie mit sechs Kindern bei einem Bauer auf dem Hof. Meinen Vater habe ich kurz nach dem Krieg zum ersten und letzten Male gesehen. Meine Mutter, also die Frau Andres und ich, schauten an der Moselbrücke am Fenster, wir wohnten im zweiten Stock. Unten ging ein Mann schnell vorbei in Richtung Lützel. Von oben rief meine Mutter: „Herr Gniffke, hei es dä Manfred, ihre Sohn, ich schegge inne dä mol ronner." Mein Vater schaute kurz hoch und rief: „Ich habe keine Zeit, ich muss meinen Zug nach Kerben bekommen." Er eilte weiter zum Bahnhof in Lützel. Kurze Zeit später kam die Nachricht, dass mein Vater im Alter von 41 Jahren in Rüber verstorben sei. Jetzt musste meine leibliche Mutter sehen, wie sie allein mit sechs Kindern zurechtkam. Gut, dass ich aus den Füßen war und nicht mit am Tisch saß.

Es gab damals, das erfuhr ich später, Probleme mit der Beerdigung. Mein Vater war der erste Protestant, der auf dem katholischen Friedhof von Rüber beerdigt werden sollte. Da waren viele fromme Christen aus dem Ort dagegen. Für sie war das eine Entweihung ihres Gottesackers, ein Heide sollte dort nicht mit katholischer Erde bedeckt werden. Der zuständige Landrat habe damals, so wurde mir später erzählt, ein Machtwort gesprochen und mein Vater wurde in Rüber beigesetzt.

Fringsen und Hamstern

Wohnraum war knapp und zum Beißen hatten wir auch nichts. Es kamen zwei kalte Hungerwinter 46 und 47. Wir klauten wie die Raben, auch wir Kinder. Im Hafen Kohlen und Briketts, im Verschiebebahnhof in Lützel hauptsächlich Kartoffeln, aber auch alles andere, was zu gebrauchen war. Die Franzosen waren ja auch arm dran, die hatten im Krieg ebenfalls sehr gelitten und die Völkerschlacht durch Zufall mitgewonnen. Die holten aus dem Umland raus, was rauszuholen war. In Lützel stellten sie dann die Züge zusammen, die ihr kostbares Beutegut nach Frankreich transportierten. Da schlugen wir dann zu. Schon damals galt: Nur nicht erwischen lassen, denn die französische Militärpolizei war nicht zimperlich. Die hatten auch so eine Hilfstruppe, das waren blau uniformierte deutsche Männer, ebenfalls mit Holzknüppeln bewaffnet, die aus Verpflichtung ihrem Dienstherrn gegenüber besonders eifrig beim Gebrauch ihrer Schlagwaffe waren. Die Truppe hieß „Famo". Das war eine Abkürzung, für was, weiß ich nicht mehr.

Übrigens hieß das Ganze nicht Stehlen, sondern Organisieren oder Fringsen. Der Kölner Kardinal Frings hatte in seiner Predigt an Silvester 1946, einem schlimmen Hungerjahr, im Dom sinngemäß gepredigt, wenn man, um am Leben zu bleiben, für sich und seine Familie stehlen würde, wäre das keine Sünde. Wir wurden ja auch daheim von den Eltern belohnt, wenn wir mal wieder etwas für den Ofen oder den Kochtopf mitbrachten.

Man ging auch Hamstern, viele mit dem Zug in die Eifel, den Hunsrück und den Westerwald. Die Eisenbahnzüge waren übervoll, die

Leute standen auf den Trittbrettern. Wir Kinder gingen zu Fuß nach Bubenheim oder Rübenach, um etwas Essbares zu erbetteln. Meiner Erinnerung nach waren die Bubenheimer freizügiger als die Rübenacher. Aber das kam sicher auch darauf an, wo man anklopfte. Je kleiner das Hoftor, umso hilfsbereiter war der Bauer oder die Bäuerin.

Wir hatten auf dem Speicher einen Karnickelstall. Meistens waren es zwei Grünzeugfresser, die ich zu versorgen hatte. Verwelkte Salatblätter vom Markt, auch schon mal ein paar Möhren und dann die Eierbüschel vom Bahndamm der Hafenbahn an der Mosel standen auf dem Speiseplan. Auch für das Ausmisten war ich zuständig. An hohen Feiertagen landeten die Hasen dann auf dem Festtagstisch als sogenanntes Hasenklein.

Wirtschaftskreislauf

Die Trümmer waren nicht nur Spielplatz, wir beuteten sie auch aus. Wir gruben stundenlang unter größten Anstrengungen und Gefahren nach Verwertbarem, meistens Altmetall. Am wertvollsten war Kupfer. Wir brachten unsere Beute zum Altmetallhändler Neuert auf dem Wöllershof. Einige Ältere von uns klauten im Dunkeln, nach Geschäftsschluss, dann beim Neuert Altmetall und verkloppten es am nächsten Tag beim Florian Tröster in der Thilenstraße. So war damals schon ein wirtschaftlicher Kreislauf in Bewegung gesetzt. Wir legten auch Keller frei, dort fanden wir Kohlen und Briketts, eingemachte saure Bohnen, Gurken und Sauerkraut. Auch eingemach-

So sah ein Teil der Straße Moselbrücke Ende der 50er-Jahre aus. Links das Café Zenz, daneben ehemals Notter, daneben wohnten wir auf dem zweiten Stock und an der Ecke zum Altenhof war das Café Probst.

tes Obst war gern gegessenes Beutegut. Leider kamen zwei Jungen von unserer Schule auf den Trümmern durch einstürzende Mauern ums Leben.

Immer mehr Koblenzer kamen aus der Evakuierung zurück und die Wohnungsnot wurde immer größer. Man zog, nur um ein Dach über dem Kopf zu haben, in irgendeinen leer geräumten Keller oder in die Kasematten der preußischen Befestigungsanlagen auf der Karthause, auf dem Asterstein oder in Lützel in die Feste Franz. Auch die Festung Ehrenbreitstein diente lange als Wohnquartier, ebenso die Kasernen, die nicht direkt von den Franzosen besetzt worden waren.

Wir hatten nach einem kurzen Aufenthalt in der Rheinkaserne eine Wohnung an der Moselbrücke 9 bekommen. Der Hausbesitzer kannte meinen Vater. Er hatte ihm angeboten, wenn mein Vater die Wohnung im zweiten Stock selbst ausbauen würde, das Haus war bis auf den ersten Stock ausgebrannt, könnten wir dort mietfrei wohnen. Das war 1946. Mein Vater, meine Mutter, meine Oma, ein paar Freunde und ich entfernten erst mal per Eimer den Trümmerschutt. Mithilfe seiner Arbeitskollegen baute mein Vater die Wohnung aus und Ende 1946 konnten wir dort einziehen. Wir wohnten wirklich mietfrei, bis dann im Juni 1948 die Währungsreform kam. Jetzt wollte der Hausbesitzer Miete haben, schließlich sei er jetzt genau so arm oder reich wie wir. Er habe ja auch wie alle anderen Menschen in Westdeutschland nur die 40 DM Kopfgeld bekommen. Der Herr war Großhändler für ein sehr begehrtes Handwerkermaterial.

Jetzt mussten wir Miete bezahlen. Kurz darauf kündigte uns der Großhändler, als Grund gab er Eigenbedarf an. Wir mussten uns eine neue Wohnung suchen und zogen in die Fischelstraße. Ich weiß, dass die alte Wohnung jahrelang leer stand. Der hilfreiche und findige Hausbesitzer wurde zweimal mit dem Bundesverdienstkreuz ausgezeichnet. Ich finde, das hatte er sich redlich verdient. Heute blicke ich vom Wohnzimmer unserer Wohnung auf dem Münzplatz auf unsere ehemalige Wohnung.

Woher nehmen und nicht stehlen?

Humorige, es können auch Leute mit Galgenhumor gewesen sein, hatten das schöne Lied des Kölners Willi Ostermann „Und sollst du im Leben ein Mädel mal frei'n, ja dann muss es am Rheine geboren sein" zeitgemäß so umgedichtet: „Und sollt ich im Leben ein Mädel mal frei'n, ja dann muss es eine Frau mit ner Wohnung sein. Eine Frau mit ner Wohnung und einen Schinken vom Schwein, dann brauch ich kein Mädel, kein Mädel vom Rhein."

Eigentlich ging es erst nach der Währungsreform langsam aufwärts. Überall wurden Trümmer weggeräumt. Meine Eltern hatten den Keller in der Weißer Gasse inzwischen freigegraben und einiges von dem, das die Mutter und Oma vor der Zerstörung in den Keller geschleppt hatten, war sogar noch zu gebrauchen. Ich erinnere mich an vom Feuer angeschwärzte Teller und an ein Löffelblech, an dem die Kacheln gerissen waren. Von meinem Spielzeug war nichts mehr da. Jetzt fing die Zeit des Tauschens an. Hatte man etwas doppelt oder brauchte es nicht unbedingt, wurde es gegen einen anderen Gebrauchsartikel eingetauscht. In dem nicht zerstörten Haus am Plan 1, heute nimmt ein Pfandhaus dort Waren an, war die sogenannte Tauschzentrale. Hier konnte man eine Schüssel, die man zu viel hatte, gegen eine Kaffeekanne, die man dringend brauchte, eintauschen. Im selben Haus war von 1945 bis 1948 der Kaufhof.

Da wir ausgebombt waren und die Ausgrabung im Keller nicht viel hergab, musste vom Teelöffel bis zum Doppelbett alles neu angeschafft werden. Aber woher nehmen und nicht stehlen, war die Frage, denn das Geld war knapp. Darum wurde fast alles auf Raten angeschafft. Das wurde dann oft wöchentlich bezahlt. Mein Vater hatte

Gott sei Dank Arbeit als Elektriker bei der Firma Notter gefunden und meine Mutter betrieb mit der Oma wieder einen Marktstand auf dem Münzplatz, aber es reichte vorn und hinten nicht. Unseren Küchenschrank hatten die Eltern beim Möbelhaus Friedrich in Ehrenbreitstein auch auf Raten gekauft. Freitags, wenn mein Vater mit der Lohntüte nach Hause kam, bekam ich 5 Mark in die Hände gedrückt und brachte die dann zu Fuß nach Ehrenbreitstein ins Möbelhaus. Das war die vereinbarte wöchentliche Rate. Aber immer klappte das nicht, dann musste ein anderes Ratenloch gestopft werden.

Der Kuckuck klebt

Einmal, ich war allein zu Hause, kam ein Mann mit einer Aktentasche zu uns nach Hause. Es war der sogenannte Vogelhändler oder Kuckueckskleber. Die Raten waren nicht pünktlich bezahlt worden und so klebte der Mann eine Pfandmarke, im Volksmund Kuckuck genannt, auf den Küchenschrank. Weil er meine Eltern kannte, klebte er die Wertmarke auf die Rückseite des Schrankes. So wie uns gab es viele Leute. Es gab aber auch Geschäftsleute, die mit diesen Ratengeschäften ein gutes Geschäft machten.

In der Lehre

Für uns vom Jahrgang 1939 ging dann 1953 die Schulzeit zu Ende. Wer einigermaßen in der Schule über die Runden kam, bekam ein Jahr geschenkt. Wir waren ja ein Jahr zu spät eingeschult worden. Bei mir steht im Entlassungszeugnis: „Manfred wurde nach sieben Jahren aus dem achten Schuljahr entlassen." Wer Glück hatte, bekam eine Lehrstelle, ich mit viel Mühe auch. Es war eine Lehrstelle, die ich mir nicht ausgesucht hatte, aber es gab keinen Grund, wählerisch zu sein, ich hätte auch Schreiner oder Metzger lernen dürfen oder müssen.

Die Lehre war, je nachdem, wo man war, eine harte Zeit. Lehrstellen waren knapp, das wussten auch die Lehrmeister. Ich musste Elektriker lernen, ob ich wollte oder nicht. Meine Familie meinte, auch für mich habe das Handwerk goldenen Boden. Alle anderen Berufe wie „Ladenschwengel", also Verkäufer, oder „Sesselfurzer", gleich Beamter, kamen für mich nicht infrage. Ich hätte nach Meinung meiner Lehrer ja das Zeug gehabt, aufs Gymnasium zu gehen, aber das ging aus finanziellen Gründen nicht. Also musste ein Handwerk her, egal, was für eins. Mein Vater war Elektriker, diesen Beruf könnte ich auch erlernen, wenn ich eine Lehrstelle bekäme.

Vom Laufjungen zum Elektroinstallateur

Da war mal erst nichts und so besorgte mir der Kaplan Domann von Liebfrauen eine Stelle als Laufjunge im Großhandel der Firma Lütke. Da hatte ich ja eigentlich familiäre Bindungen hin, weil meine leibliche Mutter im und vor dem Krieg bei der Firma als Verkäuferin im Einzelhandel tätig war. Pakete mit dem Geschäftsrad an den Bahnhof fahren, Waren verpacken, den Versand abends mit Wachsspänen kehren, den Lastenaufzug fahren und mit Manfred Koch mit dem Opel Blitz in Lützel am Güterbahnhof Waren abholen, waren meine Aufgaben. Meinen späteren Schwiegervater, einen liebenswerten Menschen, lernte ich dort auch kennen. Er war Cheffahrer und kutschierte in einem schwarzen Mercedes 300 die Chefin, die wurde nur mit gnädige Frau angesprochen, durch die Lande. Später transportierten Manfred Koch und ich sogar Möbel für den Beamteneinkauf durch die Gegend. Ich muss mich gut angestellt haben, denn der eigentliche Chef, Dr. Fuchs, Schwiegersohn der gnädigen Frau, bot mir eine Lehre als Großhandelskaufmann an. Aber wie oben schon beschrieben: Einen „Ladenschwengel" wollten meine Erzieher nicht in der Familie haben.

So trat ich also am 1. Januar 1954 meine Lehre als Elektroinstallateur an. Die Gesellen und Mitlehrlinge waren in Ordnung, der Chef war ein alter Barraskopf. Der stand im Ersten oder Zweiten Weltkrieg, gefühlt kann es auch 70/71 gewesen sein, als Major auf der Gehaltsliste. Jetzt, 1954, fühlte der sich immer noch als Befehlshaber und benahm sich auch so. Wir fingen um 7 Uhr morgens an zu arbeiten, Dienstantritt auf der Werkstatt. Wenn man um 10 Minuten vor 7 Uhr kam, und der Herr Major war schon da, kam man zu spät und wurde angeschissen. Es gab Elektriker und Gas- und Wasserinstallateure. Die Gesellen waren meistens schon älter und kannten den Befehlston aus ihrer Militärzeit. Sie hatten auch kein Problem damit, antreten zu müssen. Die Installateure bauten sich in einer Reihe auf der rechten Seite der Werkstatt auf, die Elektriker auf der linken. Vor den Gesellen standen wir Lehrlinge. Wenn der Meister die Werkstatt betrat, sagten wir gemeinsam „Guten Morgen Meister" und die Gesellen zogen die Kappe. Dann erteilte der hohe Herr die Aufträge.

Noch knapp zwei Jahre, dann fängt der Ernst des Lebens an.

Sein Adjutant war der Fritz Brackenhammer, Herr Hellfrisch und Herr Pratt waren die Installateur- und Elektromeister. Der andere Elektrolehrling war Willi Bötzel aus der Vorstadt. Er war, als ich anfing, schon im zweiten Lehrjahr. Auf den Willi war ich mal richtig neidisch. Wir hatten eine Tippgemeinschaft. Mit 50 Pfennig war ich jede Woche dabei. Meine Mutter riet mir vor Weihnachten, ich solle, da wir nie etwas gewannen, meine Teilnahme am Toto aufgeben. Ich gehorchte und wurde bestraft. Zwei Wochen vor Weihnachten hatten die Kollegen elf Richtige getippt und jeder gewann 5000 DM. Ich war 14 Tage vorher ausgestiegen. Der Willi kam jetzt mit einer neuen NSU Quickly zur Arbeit, ich weiterhin mit dem Fahrrad. Da habe ich mich grün und schwarz geärgert.

Lehrjahre

Arbeit gab es viele, es wurde ja überall gebaut. Wir arbeiteten viel in den Kasernen. Die Franzosen hatten als Besatzer die Kasernen der Wehrmacht übernommen. Ich arbeitete gern für die Schangel. Mein Geselle, Paul Nickenisch, kann auch sein, dass er Walter mit Vornamen hieß, war aus Mülheim. Er konnte gut mit den Besatzern. So hatten wir jeden Mittag ein warmes Essen in einer der Kantinen. Wenn es ganz gut lief, in einer Offizierskantine, da war das Essen besser. Die Küchenbullen versorgten uns in irgendeinem Abstellraum. Uns störte es nicht, wenn die Kakerlaken die Wände entlangliefen. Besonders gern arbeiteten wir in der Feldbäckerei der Franzosen in Lahnstein. Da roch es den ganzen Tag nach Weißbrot. Auch hier sorgte der Mülheimer für Nahrung und Genussmittel.

Abends, kurz vor Feierabend, banden wir uns jeder mit Isolierband an jedes Bein ein Weißbrot und zogen die Hose darüber. So marschierten wir dann durchs Kasernentor. Auch der Handel mit Zigaretten lief sehr gut. Wir kauften den Soldaten die Packung der Marken Bangele oder Tostmaster für 50 Pfennig ab und verscheuerten sie für 1 Mark weiter. Ich rauchte damals offiziell noch nicht.

Wir arbeiteten ja noch samstags. Bei einer Befehlsausgabe an so einem Samstag schickte der Major a. D. einen Gesellen, den Herrn Zehe, wie jeden Samstag zu seiner Frau heim in die Südallee. Das war schon Tradition. Die wurde an diesem Samstag beendet, denn der Herr Zehe weigerte sich, dem Marschbefehl zu befolgen. Der Major brüllte und drohte, der Herr Zehe blieb dabei, er ging nicht. Der Befehlshaber blickte sich um, sah mich und schickte mich zu seiner Frau. Ich wusste gar nicht, was ich da sollte, aber es dauerte nicht lange, da war ich informiert. Hausarbeit stand an.

Die Treppe zu putzen vom Speicher bis zum Keller, für die ganze Familie die Schuhe zu putzen, Einkaufen, Staubsaugen und Kartoffelschälen, waren nur einige meiner Aufgaben. Kartoffeln schälte ich nicht lange. Meine Mutter, der ich meinen Lehrplan offengelegt hatte, sagte: „Jung, dat sen knigije Leid. Dau moss degge Schale schäle, dat maach die Madam net, dann bes de die Arbeit schon emol loss.“ Genauso war es, die Frau Majorin schälte ihre Kartoffeln lieber selbst. Was ich jetzt alles machen musste, hatte vorher der Herr Zehe gemacht. Er fühlte sich dem Meister gegenüber verpflichtet, weil der ihm eine Wohnung besorgt hatte. Er wurde übrigens kurze Zeit nach der Arbeitsverweigerung wegen Arbeitsmangel entlassen. Die heutige Generation kann sich so etwas überhaupt nicht vorstellen. Herr Zehe war später viele Jahre lang Küster an der Herz-Jesu-Kirche.

Eines Abends, ich hatte eineinhalb Jahre meiner Lehre rum, kamen mein Geselle und ich auf die Werkstatt. Da kam uns der „Bursche“ des Herrn Major, Fritz Brackenhammer, mit trauriger Mine entgegen und mit den Händen an der Hosennaht teilte er uns mit, dass unser geliebter Chef plötzlich und unerwartet gestorben sei. Ganz spontan entfuhren mir nur drei Worte: „Gott sei Dank“.

Ein neuer Lehrmeister

Nach dem Tod des Herrn Major wurde die Firma aufgelöst. Der Willi wurde von einer anderen Firma übernommen und ich musste mir einen neuen Lehrmeister suchen. Da hatte ich unheimlich Glück, denn der Chef meines Vaters, Wilhelm Notter, mit Firmensitz an der Alten Moselbrücke, später auch auf dem Münzplatz, bot mir an, die Lehre bei ihm fortzusetzen. Die Firma hieß Wilhelm Notter und Sohn. Der Wilhelm war der Seniorchef, der Sohn war der Karl-Heinrich Notter. Der war Ingenieur. Dann gab es noch die Seniorchefin, die Wilhelmine Notter, von allen Mitarbeitern nur Mama genannt, der Senior war der Papa. Das waren unsere Chefs, prima Leute. Der Mama gingen wir aus dem Weg, die hatte immer noch nach Feierabend einige Aufträge für uns. Die Notters hatten an der Moselbrücke 7 einen kleinen Laden. Dort war

Notter junior und senior
bei einem Betriebsausflug

auch die Werkstatt, wir wohnten nebenan in der Nummer 9. Der Laden war das Reich von der Frau Notter. Da gab es tausend Dinge von der Glühlampe über die Sicherung, das Bügeleisen bis zum Bedarf für Petroleumlampen und natürlich Klopapier. Wenn man Pech hatte, schickte die Mama einen noch nach Feierabend mit dem Geschäftsrad auf die Karthause, um dort von feinen Leuten bestelltes Klopapier oder ein repariertes Bügeleisen abzuliefern.

Bauleitender Monteur

Als Lehrling bekam ich bei der Firma Notter schon mal direkt 10 Mark mehr im Monat. Wir hatten viel Arbeit, darunter viele Großbaustellen und die Firma wuchs und wuchs. Darum musste ein Neubau mit Wohnhaus und Werkstatt her, unsere neue Adresse war jetzt Münzplatz 9. Gern erinnere ich mich noch an die alte Werkstatt an der Moselbrücke. Von der Elektrowerkstatt ging ein verzinktes Rohr hoch auf den ersten Stock ins Büro. Das war ein Sprachrohr. Im Büro und in der Werkstatt war am Rohr ein Trichter, da sprach man rein oder hielt ein Ohr dran. Wenn der Meister eine Botschaft hatte, klopfte er ans Rohr und man unterhielt sich dann miteinander. Es kam auch schon mal vor, dass der Senior einen zum Metzger Breuer, dem „Armen Josef" auf den Altenhof schickte. Man bekam 40 Pfennig und kaufte dafür halb-halbe Hausmacher, also für 20 Pfennig Blut- und für 20 Pfennig Leberwurst.

Nach bestandener Gesellenprüfung wurde ich bald bauleitender Monteur, was sich auch beim Stundenlohn bemerkbar machte. War die Firma bisher nur auf Gas, Wasser und Strom spezialisiert, kam jetzt noch Gasheizungsbau dazu. In guten Zeiten hatten wir mehr als 100 Mitarbeiter. Das Verhältnis zwischen den Chefs und uns war gut. Kein Vergleich mit dem Führungsstil des Herrn Majors. Der Juniorchef hatte mir, als ich offenbarte, dass wir heiraten wollten, eine Neubauwohnung zu günstigen Konditionen besorgt. Ich konnte in dem Haus, das der Frau Höhmann-Schade gehörte, nebenbei

Betriebsmannschaft „Notter 04"

die Hausmeisterarbeiten erledigen, dafür bezahlte ich nur die halbe Miete. Das hat unserer jungen Familie finanziell sehr gut getan. Aber ich musste nicht wie der Herr Zehe bei meinem früheren Chef aus Dankbarkeit bei Notters samstags das Hausmädchen spielen.

Der Juniorchef

Der Juniorchef hatte auch ein Gefühl dafür, wenn man mit sich selbst nicht so richtig im Reinen war, wenn man nicht wusste, ob man Männlein oder Weiblein war, also die typischen Probleme als Heranwachsender hatte. Dann wurde man vom Junior zu einem Gespräch unter vier Augen nach Feierabend in die Wohnung eingeladen. Da wurde dann Tacheles geredet und ich für meine Person muss sagen, es war gut und hat geholfen. Der Juniorchef kannte mich schon als Kind. Mein Freund Helmut wohnte bei Notters im Haus. Wenn wir uns dann an der Moselbrücke zum Spielen trafen, durften wir schon mal mit dem Junior in seinem Ford Buckel mit zu den Baustellen fahren. Das war für uns Knaben etwas Besonderes.

Auf Kosten der Firma habe ich 1962 den Führerschein gemacht. Damit es nicht zu teuer wurde, fuhr der Junior mit mir abends mit dem VW Käfer, da musste man beim Schalten noch Zwischengas geben, in den Stadtwald. Hier lernte ich dann Autofahren und bestand die Prüfung nach sechs Fahrstunden. Nicht so gut erging es mir mit der Meisterprüfung. Der Junior wollte unbedingt, dass ich die Meisterprüfung machte. Der kaufmännische Teil ging sehr gut, einer meiner Mitschüler damals war Rolli Diell. Auch den praktischen Teil erledigte ich mit „gut“, nur bei der Theorie fiel ich durch. Aus war es mit dem Elektromeister Manfred Gniffke. Ich war halt eben ein Praktiker, das Ohmsche Gesetz und was es sonst noch an Theorie gab, interessierte mich nicht. Übrigens konnte man damals noch die Meisterprüfung mit einem halben Schwein oder ein paar Kisten Wein machen. Da drückten die Prüfer schon mal ein Auge mehr zu. Aber ich hatte weder Schwein noch Wein.

Von Stolzenfels wieder in die Stadt

In der Rezession Ende der 60er-Jahre verließ ich die Firma. Die Arbeit wurde weniger, wir konnten keine Überstunden mehr machen und die Schwarzarbeit ruhte auch. Das ging an die Substanz der Haushaltskasse. Da kam eine Anzeige in der Rhein-Zeitung, dass die Königsbacher Brauerei einen Betriebselektriker suchte, gerade richtig. Ich bewarb mich und wurde eingestellt. Dieser Arbeitsplatz war sicher und die Bezahlung sehr gut. Dazu gab es noch den Haustrunk: jeden Tag drei Liter Bier kostenlos. Deputat nannte man das. Von diesem Haustrunk lebten auch meine Freunde, denn wir hatten tagsüber schon an der Quelle die köstliche Gottesgabe Bier genossen. Das war auch einer der Gründe, warum ich trotz guter Bezahlung und angenehmer Kollegen nach eineinhalb Jahren die Brauerei verließ. Ich hatte Angst, zum Alkoholiker zu werden. Nicht, dass da die meisten Mitarbeiter Alkoholiker gewesen wären, aber für mich war es gefährlich.

Ich war wieder zurück in der Stadt und wurde der erste Hausmeister im Hochhaus Riesenfürstenhof. Im Hochhaus mit 15 Stockwerken waren 104 Eigentumswohnungen und sechs Läden. Wir haben auch im Haus gewohnt, zusammen mit sehr netten Eigentümern, wir haben gute Nachbarschaft erlebt. Es gab aber auch einige, an die wir uns heute nicht mehr gern erinnern, wenn sie überhaupt des Erinnerns wert sind oder waren. Für meine Frau und für mich waren das sieben sehr lehrreiche Jahre. Die Hausbewohner waren ein Querschnitt durch die Gesellschaft.

Im Hochhaus Riesenfürstenhof ist was los

Wir haben vieles erlebt, was man sonst nur in Romanen liest. Schießerei, Selbstmord, Trennungen, Hochzeiten, entflogene Kanarienvögel, ein voller Sarg hochkant im Aufzug, Geburten und schöne gemeinsame Stunden mit Hausbewohnern. Da fällt uns besonders die Familie Hausdörfer aus dem 14. Stock ein. Einige in der Koblenzer Gesellschaft bestens bekannte Persönlichkeiten hatten sich im Riesenfürstenhof eine Eigentumswohnung gekauft. Scheinbar um ihre häuslichen Betten zu schonen, hielten sie ihre sportlichen Sexübungen in dieser Wohnung ab. Persönlichkeiten, die weit über die Grenzen der Stadt bekannt waren, gaben sich die Türklinke in die Hand. Die Damen waren nach meinen Beobachtungen immer dieselben. Aber dieses „Rehazentrum" war eine Ausnahme, ansonsten ging es im Haus sehr gesittet zu.

Auch Gastronomie war im Haus. Die Pizzeria La Gondola und das Café Wien. Letzteres war oben ein Café und im Keller eine Schwulen- und Lesbenbar. Die beiden Betreiber Mangner und Nimmerichter waren schwul und sehr nett. Ich war oft zu Gast in der Bar. Auch Hausbewohner, die sich allein nicht in die Bar trauten, baten mich, sie dort einzuführen. Einmal habe ich sogar die Verlobung zweier Damen mitgefeiert, die als Bedienungen auf einem Dampfer der Köln-Düsseldorfer Dampfschifffahrtsgesellschaft beschäftigt waren. Sie hatten mich ganz spontan eingeladen. Meine Frau war mit diesen Barbesuchen nicht einverstanden. Ich habe aber alles schadlos überstanden. Im Rückblick sagen meine Frau und ich, das waren sehr, sehr lehrreiche Jahre.

Schutzengel

Die Oma hat mir von den Schutzengeln erzählt und ich glaube felsenfest an deren Existenz. Das müssen nicht immer himmlische Wesen sein, die unsichtbar um uns und über uns kreisen. Das können durchaus handfeste Menschen sein, die zum Schutzengel werden. Ich zähle dazu meine Eltern, den Onkel Steff und einige Freunde, die mich durchs Leben bisher begleitet haben und an die ich mich im Rückblick gern erinnere.

Ich kann auch nach 81 Lebensjahren sagen, dass der Herrgott es mit mir immer gut gemeint hat. Ich habe die für mich beste Frau der Welt heiraten dürfen, wir haben zwei ganz tolle Kinder, die Be-

Aufkleber Kneipenführung

ate und den Michael, und vier Enkel, Max, Johanna, Katharina und Paul, die ihren Großeltern sehr zugetan sind. Auch bei der Auswahl unserer Schwiegerkinder hatten wir großes Glück. Obwohl beide vom Land kommen, der Manni aus der Eifel und die Beate aus Kärlich, passen die in unsere Familie wie die Faust aufs Auge, und meine Frau und ich sind dankbar, dass wir die haben. Da waren ganz bestimmt zwei oder auch drei von der Oma ihren 14 Engeln dabei.

Die Erhaltung unserer Mundart

In den letzten Jahrzehnten konnte ich einiges zurückgeben, was mir meine Vaterstadt Koblenz geschenkt hat. Ich gehöre mit zu den Erfindern des Altstadtfestes 1975, ich habe 1985 die erste Stadtführung in Mundart gemacht. Krippenführungen und die Nachtführungen gehen auf mein Konto. Mit meiner Stadtführerkollegin Dorothee Corinth habe ich die ersten szenischen Führungen in Koblenz gemacht. Durch diese Aktionen wurde Koblenz für viele Besucher interessanter. Die 2000-Jahr-Feier 1992 durfte ich maßgeblich mit organisieren und gestalten, ebenso den letzten Rheinland-Pfalz-Tag 2003 in unserer Stadt. Dem Stadtrat gehörte ich 15 Jahre lang als Fraktionsvorsitzender der Freien Bürgergruppe an.

Ein großes Anliegen war und ist für mich die Erhaltung unserer Mundart. Dazu habe ich einiges beigetragen. Ich durfte unser Platt im Rundfunk, im Fernsehen und in vielen Zeitungsbeiträgen und anderen Veröffentlichungen und Veranstaltungen populär machen. Dafür wurde ich ja auch mit dem Moddersprochpreis ausgezeichnet. Die Koblenzer machten mir 2003 ein großes Geschenk, sie wähl-

Szenische Führung mit Sabine Schmidt und der Kutscherin Petra Hamacher auf dem Florinsmarkt 2008

Biedermeiergruppe der Altstädter Brunnengemeinschaft

ten mich bei einer Aktion der Rhein-Zeitung unter 55 Kandidaten zum „größten Koblenzer". Da waren Leute dabei, die für die Stadt in ihrer Geschichte bedeutender waren als ich, nur die meisten waren schon tot.

Unsere Generation hat mit den Eltern und Großeltern die Stadt wieder aufgebaut, Koblenz ist aus den Ruinen wieder neu auferstanden. Wir haben das aber nicht allein geschafft. Wenn wir als Kinder in den Hungerjahren nicht die Schulspeisung gehabt hätten, wenn es nicht die Schweizer Spende gegeben hätte, die Care-Pakete aus Amerika oder die Marshall-Planhilfe, weiß ich nicht, ob sich so viele aus meiner Klasse heute noch einmal im Monat zum Stammtisch in der Gemüsegasse treffen könnten.

Brunnenputzer unterwegs

Mein Kowelenz

Also mit viel Fleiß, großherziger Hilfe und viel Gottvertrauen ist Koblenz wieder die liebens- und lebenswerte Stadt geworden, die sie heute ist und an der unser Herz hängt. Ich bin dem lieben Gott und den 14 Englein der Oma dankbar, dass mein Leben so verlaufen ist und ich in dieser schönen Stadt leben und wohnen darf. Hoffentlich kann ich mit meiner Frau, meinen Kindern, Enkeln und vielleicht Urenkeln noch ein paar schöne, friedvolle Jahre in Koblenz erleben. Ich habe ja vielleicht einen oder zwei von den 14 Englein noch nicht gebraucht, die stehen noch zur Verfügung. Vor ein paar Jahren hat ein Koblenzer Musiker, der Guido Klöckner, selbst auch ein echter Schängel, ein Lied für mich geschrieben und vertont, das mein Gefühl für unser und mein Kowelenz wiedergibt:

Die Schürger-madonna

Als ich dat Licht der Welt erblickt am scheensde Ort der Welt,
medde en der Altstadt, wor ich als Panz gemeld.
Et kohme dunkle Zeide ohne Müssischgang,
mein Stadt hat schwer gelidde, om die wor mir oft bang.
Kaum wor dä Krech ze Änn, och dä Kaiser dä wor weg.
Mir hann dich widder offgebaut, samt demm Denkmal am
Deitsche Eck.
Su strahls dau nau em neie Glanz, en de Gasse erklingt Musik,
on oft schon hann ich gedanzt, die Altstadt es mein Gleck.

Mein Herz schlieht fier Kowelenz, met nem feste Klang.
Hei wor ich schon als Panz on bleif mein Lewe lang.
Die Altstadt es mein Heimat, zwesche Mussel on em Rhein,
ich sein en echde Schängel, on hei ben ich doheim.

Wat hann ich met dir metgemacht, awer dau met mir jo och,
et goff suh manije lange Naacht, awer och vill lange Daach.
Suh manije harde Kampf hann ich fier dich ausgefocht,
manije Kessel onner Dampf wor dann ganz schnell verflooch.
Et goff och einije lewe Leid, do schiddelt mer nur dä Kobb,
awer die get et och noch heid, beklobbt es halt beklobbt.
Vill kennt ich von dir verzähle, su mannisch lächerlich Geschicht,
denn Kowelenz es mein Lewe, dat es dat allerscheensd Gedicht.

Dem habe ich nichts mehr hinzuzufügen außer der Erfahrung aus gut 81 Lebensjahren, dass die alte Weisheit „Der Mensch denkt und Gott lenkt" stimmt.

Manfred Gniffke

Manfred Gniffke ist „der Größte“

Die Koblenzer stimmten ab und brachten somit ein echtes Original an die Spitze – „Organisiertes Wählen“ für „Brigittchen“

Die Koblenzer hatten die Wahl – und sie haben für eine kleine Überraschung gesorgt: Kein Genie aus der Wissenschaft, kein Dichter von Weltruhm ist gewählt worden: Manfred Gniffke ist für die RZ-Leser der größte Koblenzer!

KOBLENZ. Die Koblenzer haben 55 Persönlichkeiten vorgeschlagen, die Koblenzer haben gut eine Woche abgestimmt – und hier sind die zehn größten Menschen der Stadt. Stoff zum Diskutieren: Was macht wahre Größe aus? Vielleicht auch Stoff, um sich zu ärgern oder sich über das für manche erfrischende Ergebnis zu freuen. „Ich finde es gut, dass ein echter Kowelenzer gewonnen hat und gratuliere Manfred Gniffke“, meinte Oberbürgermeister Dr. Eberhard Schulte-Wissermann. Der Stadtführer, der die Seele der Menschen trifft, führt auch die Liste von 55 Persönlichkeiten an.

Die Wahl trieb skurrile Blüten: Wie sich die Schönstätter

abgesprochen hatten, Pater Kentenich im ZDF bei der Wahl der größten Deutschen nach vorne zu wählen, so soll im Weindorf die Idee entstanden sein, die bekannteste Frau von Koblenz an die Spitze zu bringen: „Brigittchen“, die es durch einige Vorschläge von Männern und auch Frauen in die Endauswahl geschafft hatte. Bei den Telefonstimmen lag sie auch noch weiter vorne – dafür kamen für sie kaum Briefe und E-Mails. Fast alle anderen Kandidaten wurden gleichermaßen per Post, Telefon und E-Mail gewählt.

1 **Manfred Gniffke** (*1939): Er ist der offizielle Brunnenmeister und der inoffizielle Bürgermeister der Altstadt – und er hat als hervorragender Botschafter der Stadt für Besucherscharen einen Aufenthalt in Koblenz zum ganz besonderen Erlebnis gemacht. Manfred Gniffke, der „die Leit hiere lässt, wo se senn“ und die Moddersproch auch als Sitzungspräsident der Großen Karnevalsgesellschaft in Ehren hält, ist ein Koblenzer Original. **6,4%**

Lediglich Thomas Anders hatte einen deutlich höheren E-Mail-Anteil – und darunter Mails aus Polen und Russland. Dennoch landete der Pop-Sänger, der schon Millionen begeistert hat, knapp hinter der Kammersängerin des Stadttheaters – sicher auch eine Überraschung.

Und die Wahl hat noch mehr Gewinner: Unter allen, die abgestimmt haben, hat die RZ drei Einkaufsgutscheine über je 500 Euro von Galeria Kaufhof in Koblenz verlost. Das Los fiel auf Angela Hahn (Koblenz), Hildegard Kurcher (Koblenz) und Christa Köhl (Koblenz). Die Gewinnerinnen bekommen auf Wunsch persönliche Einkaufsberater an die Seite gestellt. (law)

Nachgefragt

„Freue mich“

■ Herr Gniffke, haben Sie was geahnt?

Ich habe den Anruf zunächst für einen Jux gehalten und bin völlig überrascht. Es standen so viele Leute zu Wahl, die wirklich Großes geleistet haben. Es freut mich sehr, macht mich stolz – und meine Frau erst... Das wird jetzt auch ein Thema im Karneval...

■ Wie erklären Sie sich das Ergebnis?

Ich bin mit Leib und Seele Kowelenzer und mag die Stadt und versuche, das auch anderen Leuten näher zu bringen. Die sollen auch Verantwortungsgefühl für unsere Stadt entwickeln.

2 **Peter Friedhofen** (1819 – 1860): Er wusste, was Not ist: Mit neun Jahren war der aus Weitersburg stammende Friedhofen Vollwaise. 1850 gründete er den „Orden der Barmherzigen Brüder von Maria Hilf“ zur Versorgung Kranker. 1985 wurde er selig gesprochen. **5,4%**

3 **Peter Altmeier** (1899 - 1977): Der erste frei gewählte Ministerpräsident prägte Rheinland-Pfalz entscheidend mit. Im Kreise der Ministerpräsidenten war er einer der Triebfedern der Entwicklung, die zur Gründung der Bundesrepublik führten. **4,9%**

4 **Max von Laue** (1879 - 1960): Der Nobelpreis war 1914 die Krönung der Arbeit des Physikers aus Pfaffendorf. Der Einstein-Freund entdeckte die Beugung von Röntgenstrahlen in Kristallen und war Unterzeichner des Göttinger Manifests gegen Atomwaffen. **4,6%**

5 **Willi Hörter** (1930 – 1996): Er hatte zunächst Maurer gelernt, war nahe am Volk – und war in 22 Jahren als OB maßgeblich beteiligt, den Wiederaufbau der Stadt zu vollenden, trieb Projekte wie Löhr-Center, Altstadtsanierung und Ausbau des Straßennetzes voran. **4,2 %**

6 **Brigitte Karbach** (* irgendwann vor 1970): Der goldene Stern der Altstadt hat sich um den hormonellen Ausgleich manch eines Koblenzers verdient gemacht. Stets freundlich zeigt „Brigittsche“ ihr sonniges Gemüt. Von der Band WAD wurde sie besungen. **4,0%**

7 **Clemens Brentano** (1778 - 1842): Der Ehrenbreitsteiner gilt als einer der Hauptvertreter der jüngeren Romantik, schwärmte vom Rheintal, widmete sich aber in Koblenz auch dem Armenhospital. Mit Achim von Arnim brachte er „Des Knaben Wunderhorn“ heraus. **3,9%**

8 **Clara Schumacher/Mutter Augustina** (1887 - 1945): Die Ordensgründerin der Nazarethschwestern starb, als sie ihr Kloster vor Soldaten schützen wollte. Zunächst wirkte die Pfaffendorferin in Koblenz, ehe sie in der sächsischen Diaspora den Menschen half. **3,5%**

9 **Cusanus/Nikolaus von Kues** (1401 – 1464): Der Kirchenmann lebte gut 20 Jahre lang am Stift. St. Florin. Er gilt als größter Gelehrter seiner Zeit, hatte ein heliozentrisches Weltbild. In der Kirche wirkte er reformierend, dabei die letzten Lebensjahre als Papst-Vertreter. **3,4%**

10 **Claudia Felke** (*1958): Sie ist Kammersängerin der Stadt Koblenz – und es ist offen, ob sie eine „schauspielernde Sängerin“ oder eine „singende Schauspielerin“ ist. Seit 1978 hat sie sich in vielen Rollen am Stadttheater viele Anhänger erspielt. **3,4%**